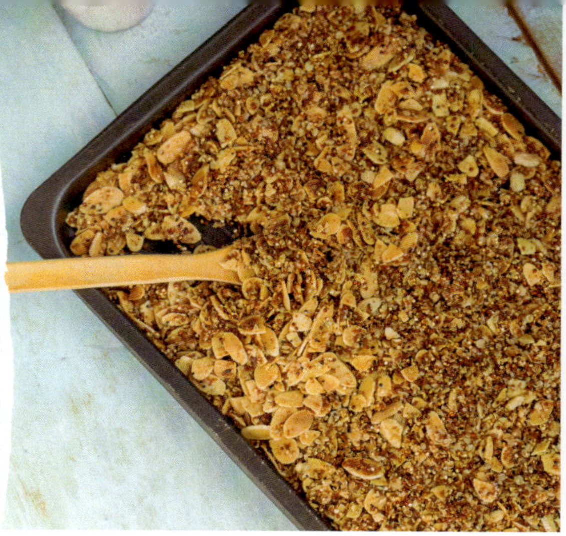
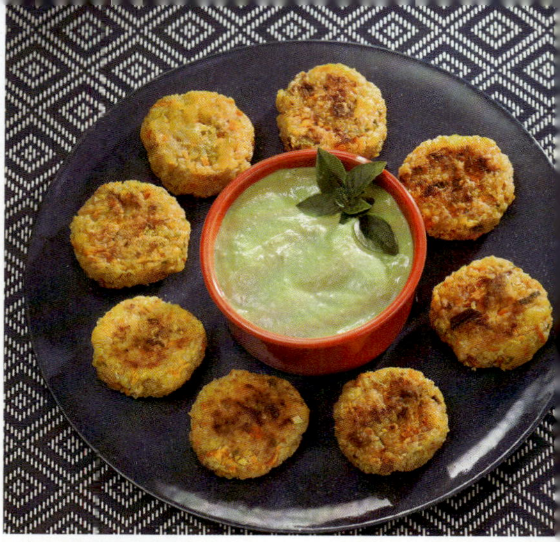
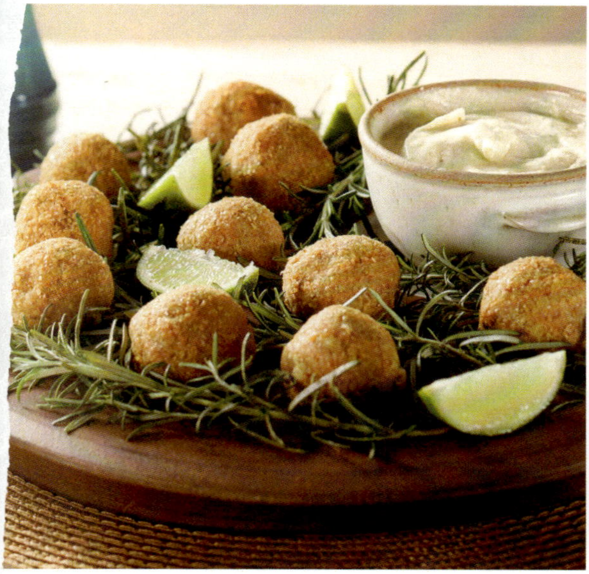
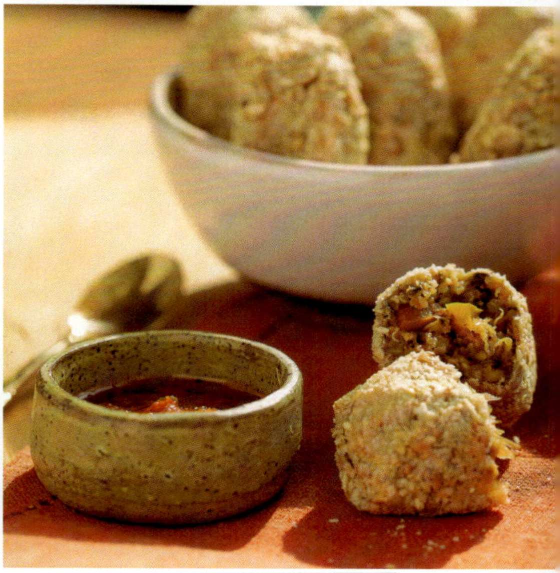
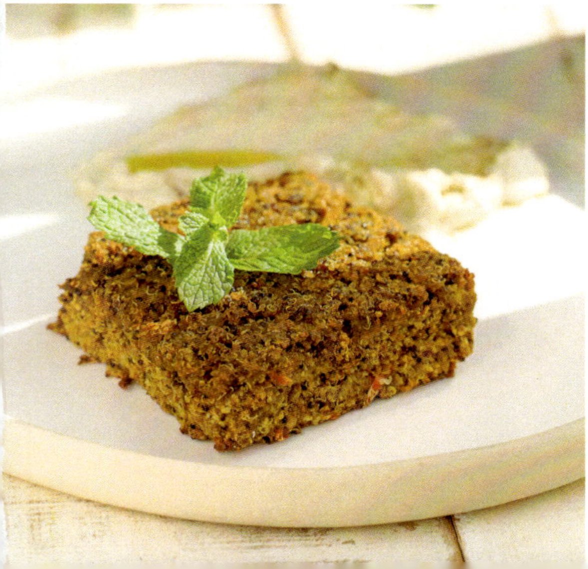
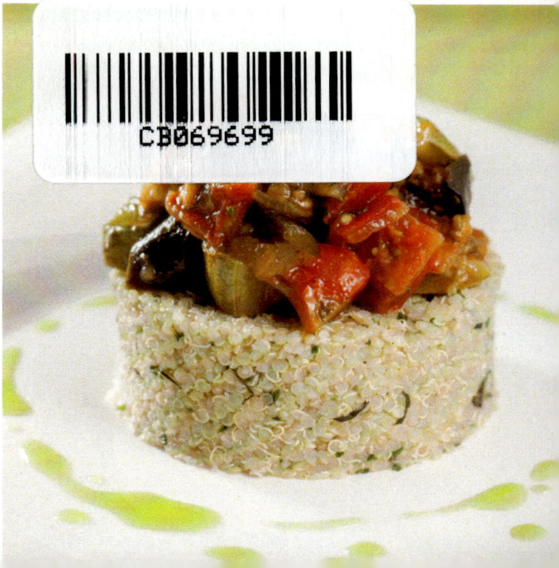

O superalimento andino

culinária quinoa

No reino vegetal, a quinoa é prova de que tamanho não é documento. Esse pequenino grão de origem andina tem mais proteína e aminoácidos essenciais do que carnes, leite e ovos. Considerada um pseudo-cereal, ela ainda conta com cálcio, ferro, magnésio, potássio, vitaminas B1, B2 e B3, ômega-3 e fibras que mantêm o intestino em ordem e o colesterol controlado.

No Brasil, esse verdadeiro tesouro dos Andes só começou a circular em 2006, porém, em 1996 a NASA já recomendava seu consumo para os astronautas em órbita devido ao poder nutricional e praticidade de consumo. Mas foram os incas os primeiros a se beneficiarem dos nutrientes deste poderoso grãozinho.

Além de nutritivo, a quinoa é um alimento prático e versátil. Bastam poucos minutos de cozimento para o grão da quinoa acompanhar ou substituir o arroz, o trigo do quibe ou enriquecer os mais diversos recheios e saladas. As possibilidades do seu uso na culinária vegana são as mais variadas.

Uma coisa é certa. Apostar na quinoa é garantia de pratos mais saborosos e supernutritivos.

Marco Clivati
Revista dos Vegetarianos

sumário

Introdução..........................6
Concentração de saúde............10
Qual cor escolher?...............14
Quinoa frita com legumes........16
Bolinho de cogumelo.............18
***Flat bread* de quinoa**..........20
Brittle.......................22
Quibe de forno..................24
***Falafel* e maionese de quinoa**..26
Legumes com quinoa..............28
***Nuggets* de quinoa**.............30
Torta de abóbora e quinoa......32
Tomates recheados...............34
Hambúrguer de fibra.............36
Ratatouille...................38
Mousse de quinua e pepino......40
Mix de arroz e quinoa...........42
Banana *bread*..................44
***Cookies* de quinoa**.............46
Granola.........................48

quinoa
na cozinha vegana

Riquíssimo em proteína e diversos outros nutrientes, esse pseudo-cereal é perfeito para preparar receitas saborosas e muito saudáveis

introdução

Ao contrário de certos alimentos ditos funcionais, a quinoa entrou na moda e ficou. Nativa da região andina, ela começou a ficar conhecida mundialmente depois que a NASA, em 1996, disse que seus astronautas consumiam esses grãozinhos em suas viagens espaciais devido à alta concentração de nutrientes e praticidade. Dali em diante, o entusiasmo pela quinoa só cresceu.

Muito interessante para veganos, a quinoa tem mais proteína do que qualquer outro grão, inclusive a soja. E não é uma proteína qualquer: o grão vem carregado de aminoácidos essenciais, as menores partes que formam a proteína. Esse teor é tão bom que pesquisadores afirmam que o teor nutricional da quinoa é similar ao do leite materno. Isenta de glúten, ela ainda é fonte importante de cálcio, gorduras boas e uma excelente quantidade de fibras.

introdução

Além do Peru, hoje a quinoa é cultivada na Alemanha, Argentina, Chile, Colômbia, Espanha, França, Itália e Estados Unidos

Se entre os nutricionistas ela é considerada uma querida, a planta da quinoa é a glória para o pessoal que gosta de colocar a mão na terra. Não só ela é resistente a climas secos, como resiste bem até a temperaturas abaixo de zero, o que não deixa dúvidas sobre por que ela é chamada de "grão de ouro".

Por conta das suas características nutricionais e facilidade de plantio, a produção de quinoa e seus produtos, assim como seu consumo ao redor do mundo, seguiu uma tendência crescente que chegou ao auge em 2013, proclamado como o ano internacional da quinoa. Além do Peru, hoje ela já é cultivada em diferentes países, como Alemanha, Argentina, Chile, Colômbia, Espanha, França, Itália e Estados Unidos, aponta a revisão de 2020 intitulada *Quinoa: uma visão geral dos potenciais do "grão de ouro" e dos aspectos socioeconômicos e ambientais de seu cultivo e comercialização*, conduzida em conjunto por pesquisadores alemães, italianos e portugueses.

HISTÓRIA

A quinoa (*Chenopodium quinoa*) é uma planta herbácea, nativa da região dos Andes, na América do Sul, onde seus primeiros registros datam de 5.000 a.C. Considerada um alimento sagrado pelos incas, durante a colonização, os espanhóis a classificaram como alimento "não cristão" e, por isso, passaram a substituí-la pelo trigo. Assim, a produção, o uso e o consumo de quinoa começaram a diminuir em ambientes urbanos, mas seu cultivo nas terras comunais (*aynokas*) foi preservado. Isso levou ao desenvolvimento de variedades de quinoa, dependendo da localização dessas *aynokas*. Essas variedades oferecem perfis nutricionais diferentes, bem como aspectos visuais distintos, como quinoa roxa ou laranja.

concentração de saúde

A quinoa é uma excelente fonte de proteína e ainda oferece outros nutrientes, como fibra, ferro, cálcio e vitaminas

O valor nutricional excepcional da quinoa é proveniente de sua composição balanceada de alta proteína, perfil de aminoácidos, minerais, fibras, antioxidantes e vitaminas, além da ausência de glúten. Porém, vários fatores podem afetar a composição nutricional das sementes, como as condições genéticas e ambientais. Ou seja, a planta cultivada no nível do mar e outra cultivada a 4.000 m de altura terão composições nutricionais diferentes. A quinoa cultivada em Río Hurtado, a 600 m acima do nível do mar, por exemplo, segundo a revisão dos pesquisadores europeus, é uma das mais ricas em proteína e aminoácidos essenciais.

Por falar nos aminoácidos essenciais, as menores partes da proteína que precisam ser consumidas por meio da alimentação, na quinoa eles superam as quantidades recomendadas por dia. De fato, seu teor de proteína e composição de aminoácidos é superior ao trigo, à cevada e à soja. É justamente por isso que a quinoa é valorizada pelas populações andinas, pois é a principal fonte de proteína para as populações rurais.

Destaque também para a oferta de fibras, que se concentram melhor na variedade cultivada no sul da Itália, e para o teor de ácidos graxos essenciais, ou seja, gorduras do bem, como o famoso ômega-3. Esses compostos promovem a saúde do sistema imunológico, protegem contra doenças cardiovasculares e melhoram o metabolismo celular.

De acordo com os pesquisadores europeus, o óleo presente na quinoa contém alta concentração de antioxidantes, o que garante proteção contra os danos dos radicais livres. Eles destacam ainda o alto teor de cálcio, magnésio, ferro, cobre e zinco presentes na quinoa, sendo as variedades encontradas na Bolívia e no Peru as mais interessantes em relação ao cálcio e ao ferro.

As folhas da planta também parecem oferecer proteção contra câncer, mas os produtos mais facilmente encontrados são as sementes e seus derivados, como flocos e farinha.

PROPRIEDADES NUTRICIONAIS

Alguns estudos apontam em sua composição nutricional semelhanças com o leite materno. Rica em ferro, cálcio, fósforo e carboidratos, a quinoa fornece energia, atua na elasticidade das fibras musculares e auxilia na recuperação dos tecidos e células, além de produzir hormônios e enzimas. Em 100 g do cereal são encontrados cerca de 74 g de carboidratos, 23 g de proteínas e 15 g de fibras. A quinoa conta ainda com 18 aminoácidos e vitaminas, como B1, B2, B3, B6 e A.

A quinoa é tão boa que sua composição nutricional chega a ser comparada à do leite materno

Como consumir

A maneira mais simples de consumir a quinoa é cozinhando os pequenos grãos. Basta cozinhar com um pouco de sal por alguns minutos e ela está pronta para ser consumida junto ou no lugar do arroz. Segundo a nutricionista Mariana Frank, do ponto de vista nutricional, a quinoa em grãos substitui o carboidrato em um prato. "Então, ela pode entrar no lugar das raízes (batata-doce, mandioca, cará, inhame) ou do arroz (integral, negro, sete grãos), mas também é possível consumi-la na forma de salada, como *tabule* de quinoa em vez de *tabule* de trigo", ressalta a especialista.

Outra opção é usar os grãos cozidos para colocar no preparo de hambúrguer de feijão caseiro para incrementar as propriedades nutricionais da receita e dar mais liga. Ela também pode ser usada para rechear legumes, como abobrinha, berinjela, tomate e pimentão. Se for usar como recheio, aposte em ervas e especiarias, como a cúrcuma, para ressaltar o sabor neutro do grãozinho.

Na versão em flocos, ela pode ser usada para preparar mingau, para encorpar sopas e vitaminas ou, então, colocada sobre saladas salgadas e de frutas. Já a farinha pode ser utilizada em qualquer preparação, como bolo, pães, *muffins* e *cookies*. Lembre-se, porém, de que esse tipo de farinha não contém glúten e, portanto, ela precisa ser combinada com outros tipos de farinhas ou com amidos para que a receita dê certo, uma vez que o glúten dá estrutura às massas.

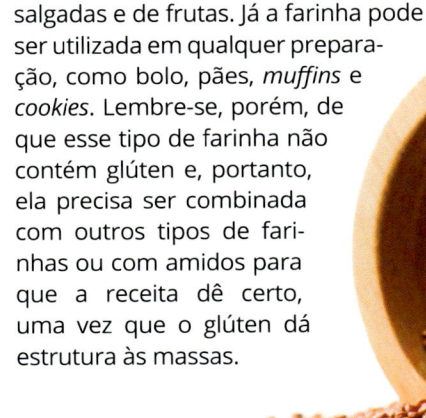

Cozida, a quinoa enriquece qualquer tipo de salada, como a de folhas verdes

qual cor escolher?

Branca, vermelha e preta, cada tipo de quinoa tem sabor, textura e propriedades nutricionais distintas

Existem várias variedades de quinoa e cada uma delas apresenta uma cor diferente. Na América do Sul, as três variedades mais cultivadas e consumidas são a quinoa vermelha, branca e preta. Eles diferem umas das outras em sabor, textura e tempo de cozimento. A quinoa branca é a mais comum. De sabor neutro, ela cozinha mais rápido, tem textura mais leve e, depois de cozida, é mais fofinha do que as outras.

A quinoa branca é a mais macia, já a vermelha tem sabor mais adocicado. Mais difícil de encontrar, a preta é a mais firme

Em comparação com a branca, a quinoa vermelha é mais firme e tem sabor mais proeminente, de certa maneira mais adocicado, lembrando nozes. Já a preta é a mais difícil de encontrar, pois a sua produção na América do Sul é menor. Embora semelhante em textura à quinoa vermelha, a quinoa preta tem um sabor "mais terroso" e tende a ser mais doce do que a quinoa branca. Assim como a vermelha, as variedades pretas mantêm bem a estrutura e a cor depois do cozimento. Do ponto de vista nutricional, as três são bastante parecidas, sendo a preta a mais rica em fibras. Mas, no fim das contas, a escolha da quinoa depende de qual você encontra para comprar e gosto pessoal.

PROPRIEDADES MEDICINAIS

Entre os 18 aminoácidos presentes na quinoa, dois – metionina e lisina – estão ligados ao desenvolvimento da memória e dos reflexos, e um deles, o triptofano, é capaz de liberar no cérebro a serotonina, substância que gera a sensação de bem-estar. Além de combater a depressão e graças às vitaminas que possui, o vegetal também auxilia na manutenção do sistema imunológico e no tratamento de problemas urinários, osteoporose, anemia e diabetes. Livre de glúten, é indicado para celíacos. Por suas fontes proteicas de origem vegetal, é livre de gorduras saturadas e colesterol, grandes vilões das doenças cardiovasculares.

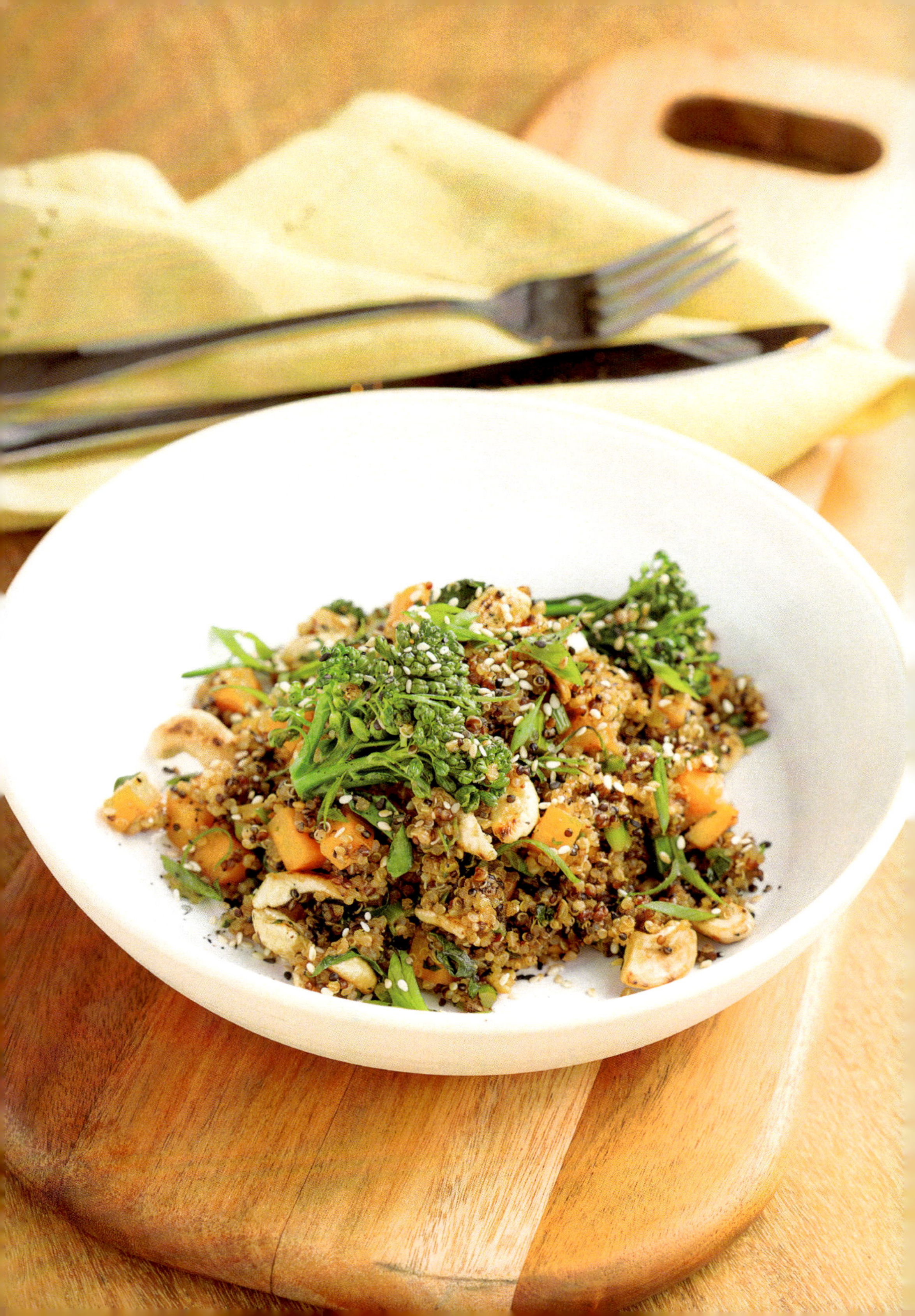

Quinoa frita com legumes

Ingredientes
- 3 xícaras de quinoa cozida
- 2 colheres (sopa) de óleo de gergelim tostado
- 1 xícara de cenoura cortada em cubos
- 1 xícara de cebolinha picada
- 1½ xícara de brócolis
- ½ xícara de castanha-de-caju torrada
- 2 colheres de *shoyu*

Ingredientes para o molho
- 4 colheres (sopa) de *shoyu*
- 1 colher (sopa) de melado de cana ou açúcar mascavo
- 1 colher (sopa) de pasta de amendoim
- 1 limão espremido
- 2 dentes de alho picados

Modo de preparo

Se você ainda não cozinhou a quinoa, aqui vai a dica: lave bem a quinoa em água corrente e leve para uma panela e toste por uns 2 minutos, até secar bem o grão. Adicione água e deixe ferver em fogo baixo por uns 15 a 20 minutos. Espere esfriar completamente antes de fazer a receita.

Enquanto espera esfriar, faça o molho. Adicione todos os ingredientes em um *bowl* e mexa bem até obter um molho homogêneo. Se você for fã de pimenta, adicione 1 colher de sopa de pimenta calabresa.

Agora, preaqueça uma *wok* em fogo médio, adicione o óleo de gergelim tostado, a cenoura e o *shoyu*. Abafe por 3 a 4 minutos para a cenoura cozinhar, sempre dando uma mexida. Depois, adicione a cebolinha picada, os brócolis, as castanhas torradas e abafe por mais uns 2 minutos.

Adicione a quinoa cozida e fria e misture bem. Acrescente o molho e cozinhe por mais uns 4 a 5 minutos. O legal é deixar a quinoa em contato com o fundo da panela para dar uma tostada e ficar crocante. Prove para acertar o sal e a pimenta. Sirva quentinho e para finalizar o prato adicione castanha-de-caju picada, cebolinha e salsa.

Rendimento: 4 porções

Bolinho de cogumelo

Ingredientes
- 200 g de cogumelos cortados
- 1 cebola roxa picada
- 1 pimentão vermelho picado
- 1 xícara de quinoa cozida
- 2 batatas *asterix* cozidas no vapor
- 3 dentes de alho
- ½ xícara de salsinha picada
- 1 colher (chá) de *lemon pepper*
- ½ colher (sopa) de pimenta calabresa
- 3 colheres (sopa) de azeite de oliva extravirgem
- 1 colher (chá) de sal rosa
- 5 folhas de alga *nori* cortadas na tesoura em quadradinhos pequenos
- 1 xícara de amêndoas ou farinha de rosca sem glúten

Ingredientes para o empanamento
- ½ xícara de amido de milho
- ½ xícara de água
- ½ xícara de gergelim
- ½ xicara de linhaça
- ½ xícara de semente de girassol
- ½ colher (chá) de sal rosa

Modo de preparo
Aqueça uma panela e adicione o azeite e a cebola picada, *lemon pepper*, sal e pimenta calabresa até dourar. Coloque o pimentão e deixe secar bem. Em um *bowl*, adicione a mistura da panela, o cogumelo cru picado ou ralado grosso, a quinoa cozida, a batata cozida fria e amassada com o garfo, a salsinha, a farinha e todos os temperos. Misture bem com a mão até ficar uma massa homogênea.

    Agora é hora de preparar o empanamento: misture o amido de milho com a água até dissolver e reserve. Bata todas as sementes no liquidificador até virar uma farinha, coloque em um *bowl* e adicione o sal. Molde os bolinhos no formato que preferir, passe com uma mão na mistura líquida de amido e com a outra mão passe na farinha de sementes. Asse no forno a 200 °C por 25 a 30 minutos.

Rendimento: 20 unidades

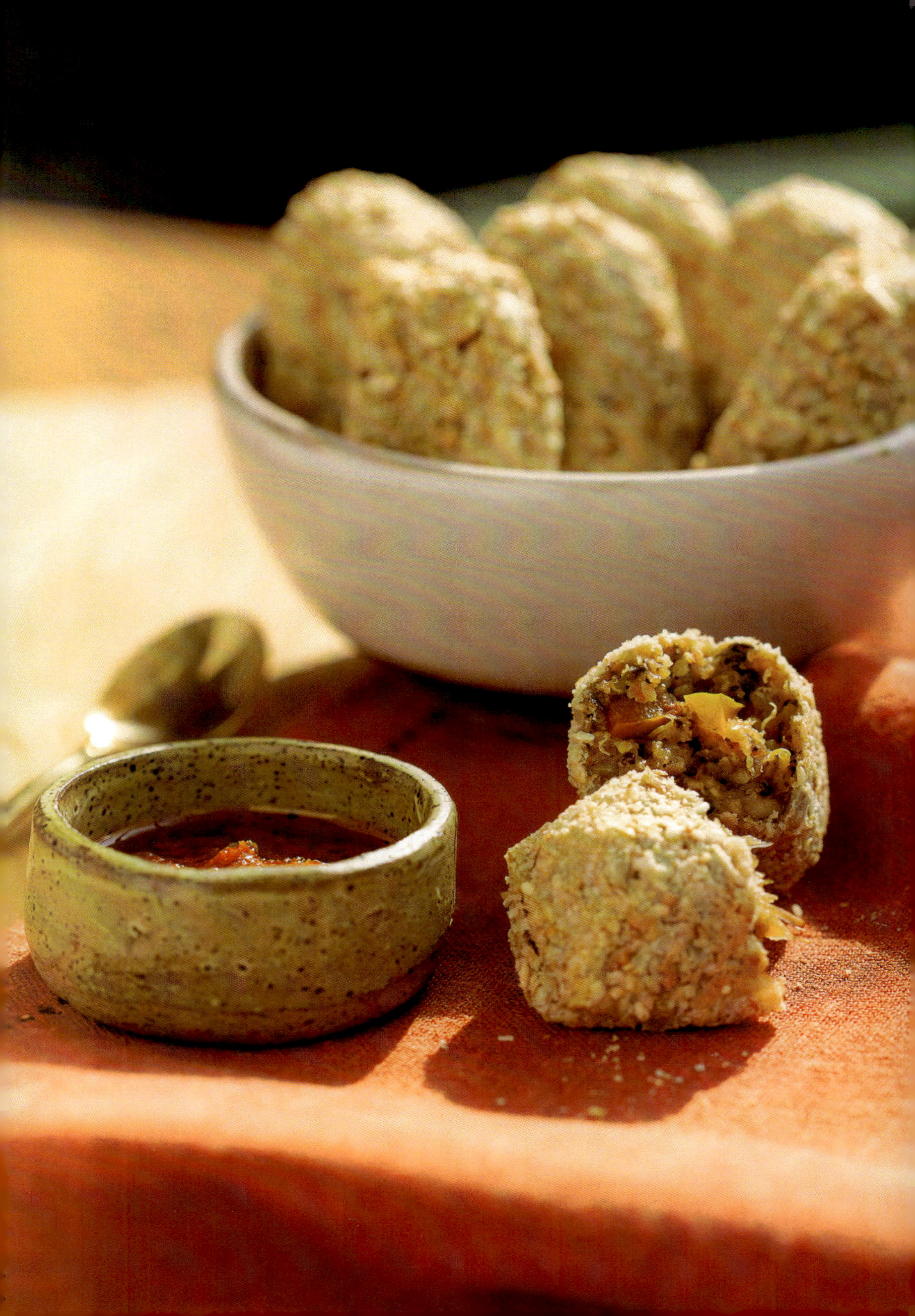

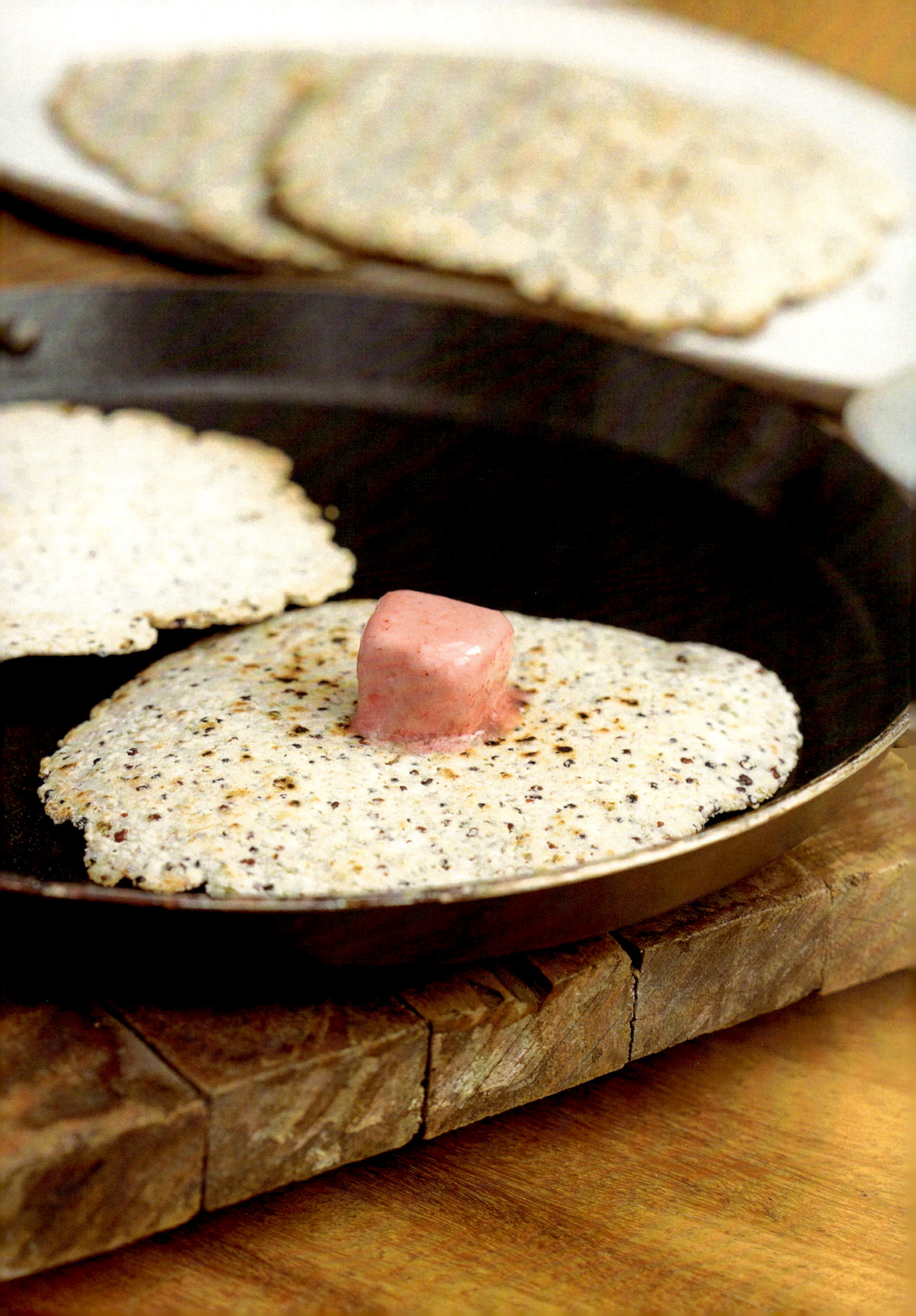

Flat bread de quinoa

Ingredientes
- 2 xícaras de quinoa cozida
- 180 ml de água morna
- 80 g polvilho doce
- 80 g farinha de arroz integral
- 2 colheres (sopa) de chia
- 2 colheres (sopa) de azeite de oliva
- 1 colher (chá) de sal rosa
- 1 colher (sopa) de fermento químico em pó
- Ervas e pimenta-do-reino a gosto

Modo de preparo
Preaqueça o forno a 180 °C. Em um *bowl*, misture a quinoa cozida e todos os outros ingredientes, menos a água. Adicione a água aos poucos e vá misturando a massa. Separe a massa em pequenas porções de 30 g a 40 g. Para facilitar abrir a massa, coloque a bolinha de massa dentro de um saco plástico e abra com o rolo. Asse em uma frigideira antiaderente, bem quente. Doure os dois lados e sirva ainda quentinho.

Rendimento: 12 unidades

Por Chef Luísa Leite | @alimentosdavila

Brittle

Ingredientes
- 1 xícara de quinoa crua
- ¾ de xícara de castanha-de-caju picada grosseiramente
- ¼ de aveia em flocos
- 3 colheres (sopa) de chia
- 3 colheres (sopa) de açúcar de coco
- 2 colheres (sopa) de óleo de coco
- ½ xícara de melado de cana
- Pitada de sal

Modo de preparo
Preaqueça o forno a 180 ºC. Em um *bowl*, adicione todos os secos e em outro dissolva o óleo de coco com o melado de cana. Junte os líquidos nos secos e misture bem. Deixe descansar por 2 a 5 minutos, distribua a mistura em um tapete de silicone ou papel-manteiga e asse por 15 minutos. Deixe esfriar completamente e quebre em pedaços médios. Funciona como um *snack* incrível!

Rendimento: 500 g

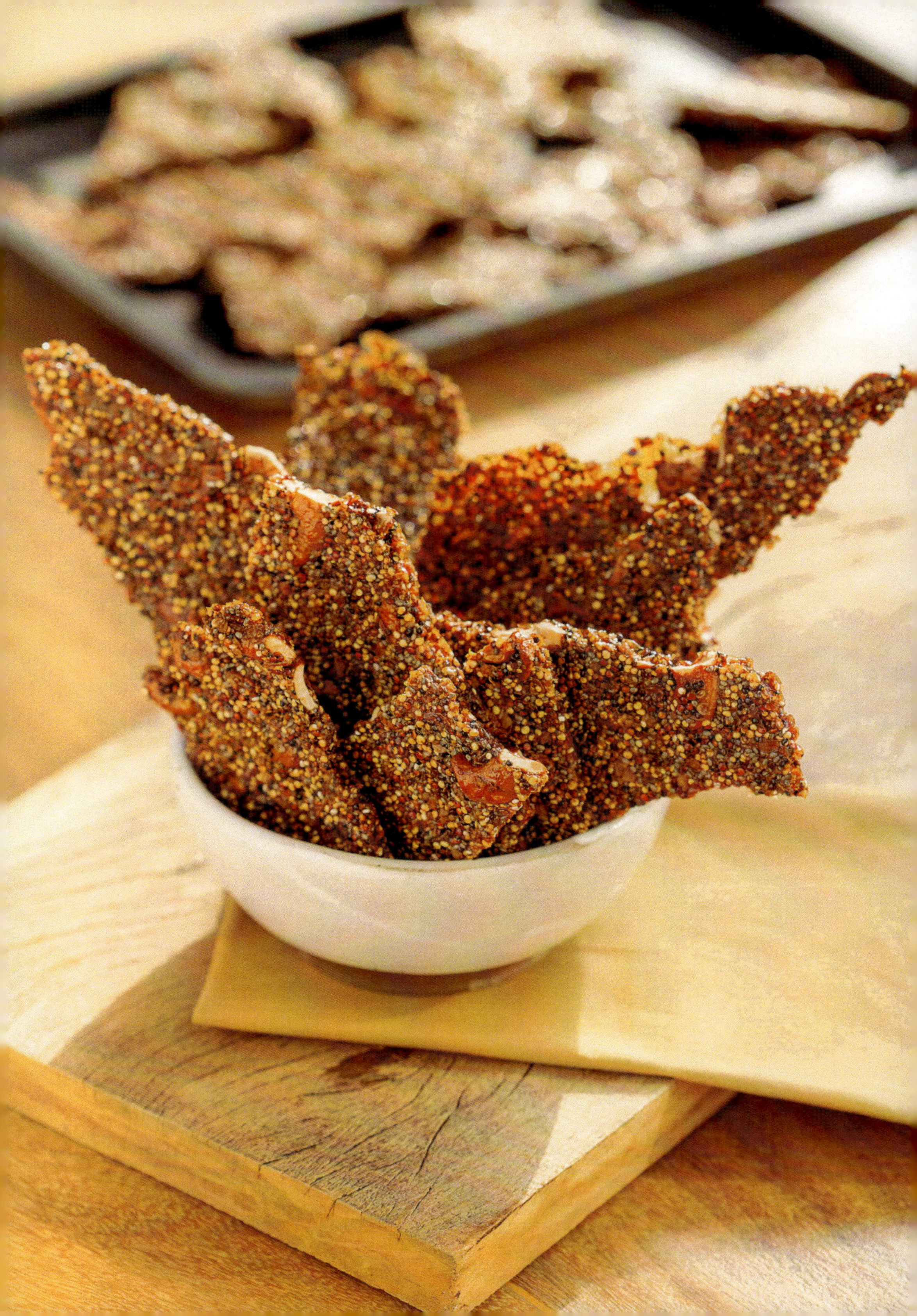

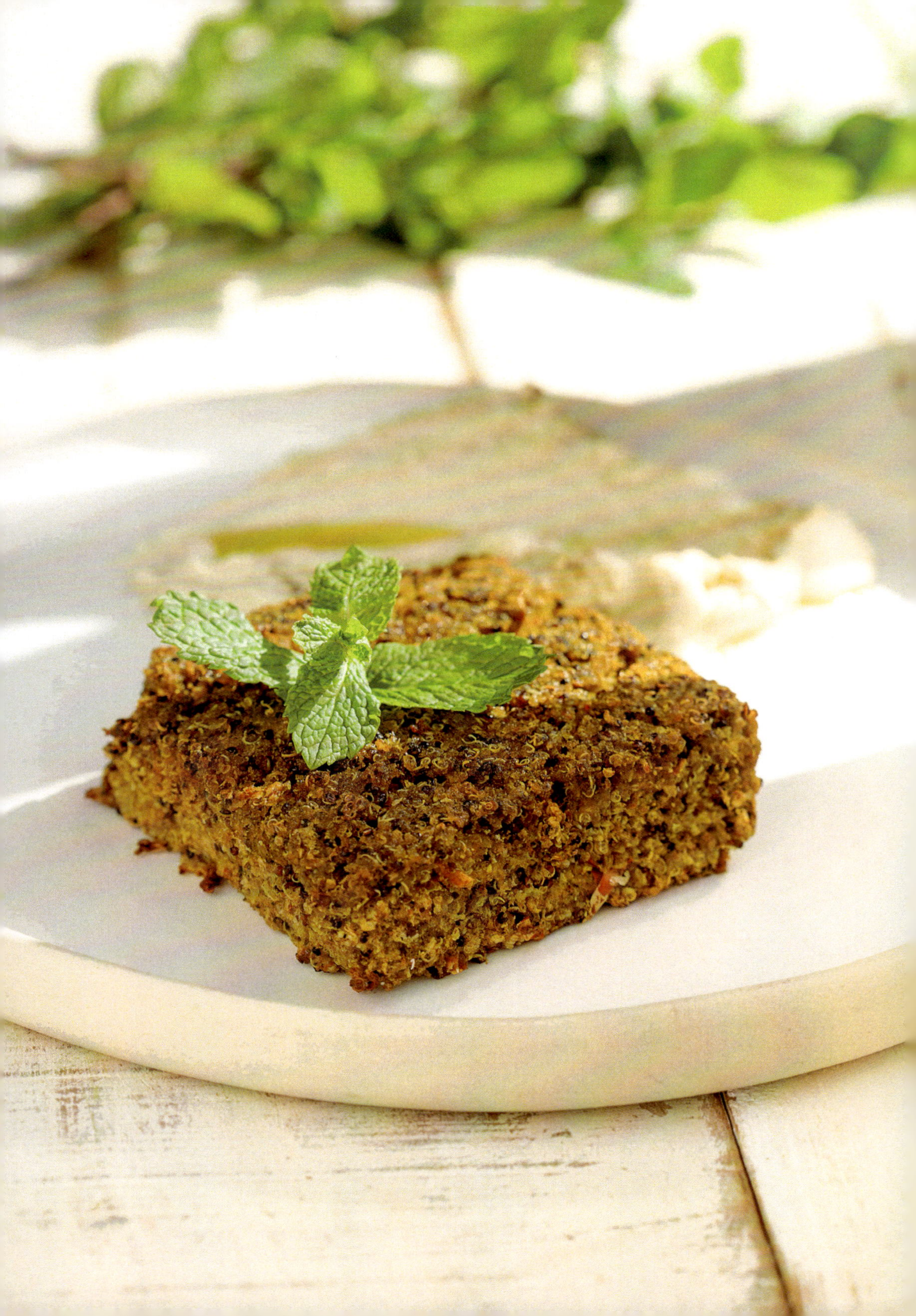

Quibe de forno

Ingredientes
- 1 xícara de quinoa vermelha em grãos
- 1½ xícara de água
- 2 xícaras de abóbora em cubos pequenos
- 1 cebola finamente picada
- 2 colheres (sopa) de sumo de limão
- ½ xícara de salsinha picada
- ½ xícara de hortelã picado
- 3 colheres (sopa) de azeite
- 2 colheres (chá) de alho em pó
- 1 colher (sopa) de páprica defumada
- 2 colheres (sopa) de canela
- 1 colher (sopa) de *tahine*
- 1 colher (chá) de cominho em pó (opcional)

Modo de preparo
Para o recheio, use sua criatividade para aproveitar ingredientes que tenha na sua geladeira, como legumes, verduras, tofu, queijos vegetais, *nuts*, cebola caramelizada... Capriche nas ervas frescas, especiarias e temperos! Preaqueça o forno a 200 °C. A abóbora deve ficar firme para dar estrutura ao quibe. Corte-a em pequenos cubos, tempere com azeite, sal e especiarias e asse por aproximadamente 30 minutos no fogo alto. Tire do forno e amasse com um garfo ou bata rapidamente no processador. Pique a cebola o menor que conseguir e refogue rapidamente com um fio de azeite.

Lave a quinoa três vezes em uma peneira em água corrente (até parar de saírem bolhas de ar), cozinhe a quinoa com a água, uma pitada de sal e especiarias em fogo médio. Quando começar a ferver, abaixe o fogo e cozinhe tampado até a água secar. Reserve um pouco da quinoa para finalizar e deixe escorrer para não ficar com água.

Incorpore o purê de abóbora e a quinoa com os demais ingredientes, se a massa ficar muito mole coloque um pouco de farinha de amêndoas (ou outra de sua preferência) para dar o ponto. Coloque metade da massa em um refratário que vá ao forno. Espalhe e aperte com uma espátula e distribua o recheio. Cubra com o restante da massa e finalize com os grãos de quinoa para deixar crocante. Asse por 30 a 40 minutos, ou até que esteja firme e dourado nas pontas.

Rendimento: 4 porções

Falafel

Ingredientes
- 1 xícara de grão-de-bico
- 1 xícara de batata-doce
- 2 colheres (sopa) de farinha de linhaça dourada
- Sal do himalaia a gosto
- Salsinha a gosto
- Cebolinha a gosto
- Pimenta-do-reino a gosto
- Orégano a gosto

Modo de preparo
Deixe o grão-de-bico de molho na água por 24 horas e a batata-doce, por 8 horas. Após esse período, cozinhe os dois na panela de pressão. Primeiro o grão-de-bico por 30 minutos e, depois, a batata-doce, por 10 minutos. Amasse bem os dois e misture todos os ingredientes. Tempere a gosto, caprichando nos temperos. Faça bolinhas ou molde no formato que desejar. Passe na farinha de linhaça e leve ao forno a 200 °C por 10 minutos para dourar. Sirva com limão e com algum molho, como a maionese de quinoa.

Rendimento: 12 unidades

Maionese de quinoa

Ingredientes
- 1 xícara de quinoa
- 4 colheres (sopa) de azeite
- 1 colher (sopa) de vinagre de maçã
- Suco de ½ limão
- Sal do himalaia a gosto
- Pimenta-do-reino a gosto
- Orégano a gosto

Modo de preparo
Cozinhe a quinoa por 15 minutos. Em seguida, bata todos os ingredientes no liquidificador. Pode ser servida como acompanhamento do falafel.

Rendimento: 1 porção média

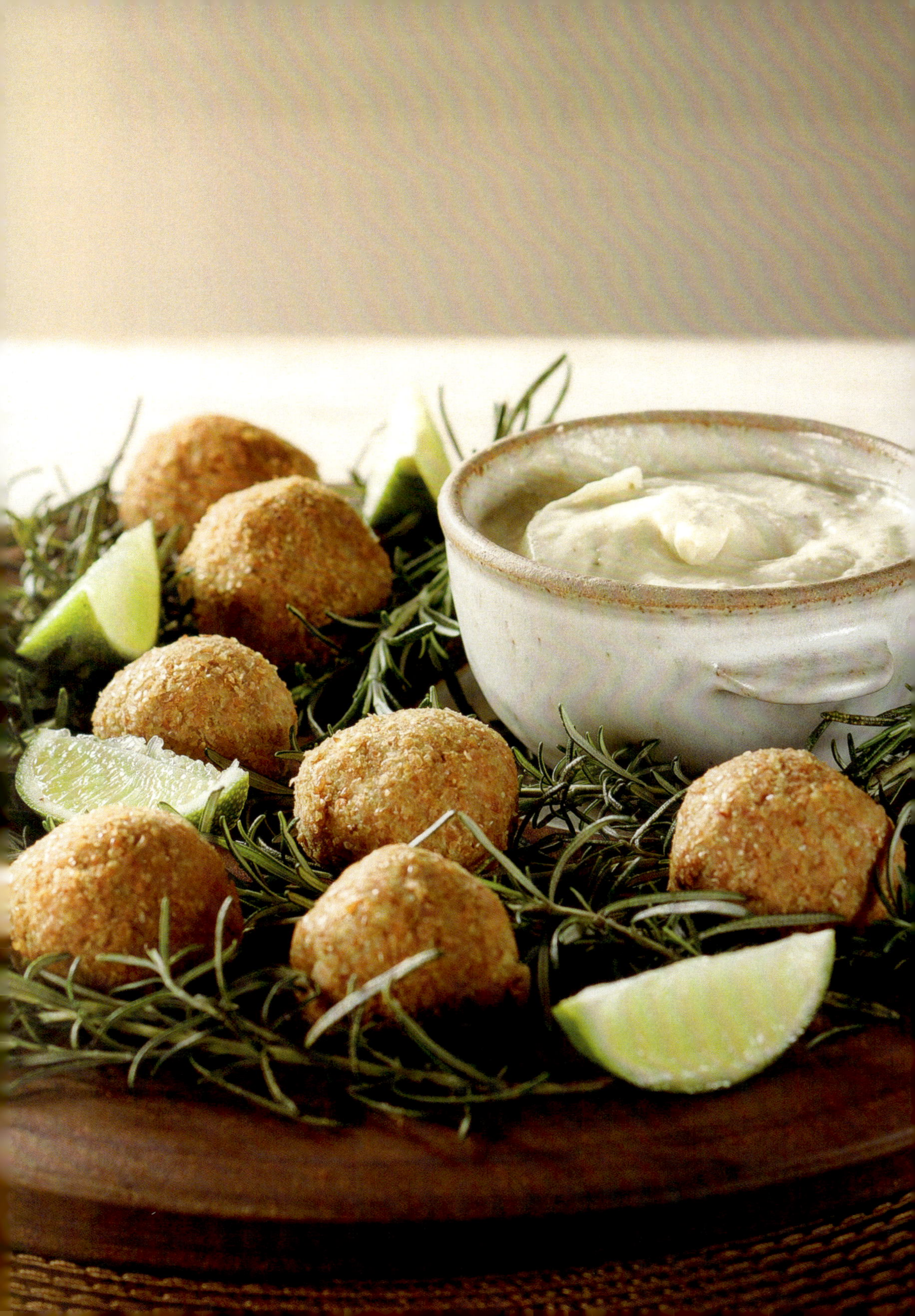

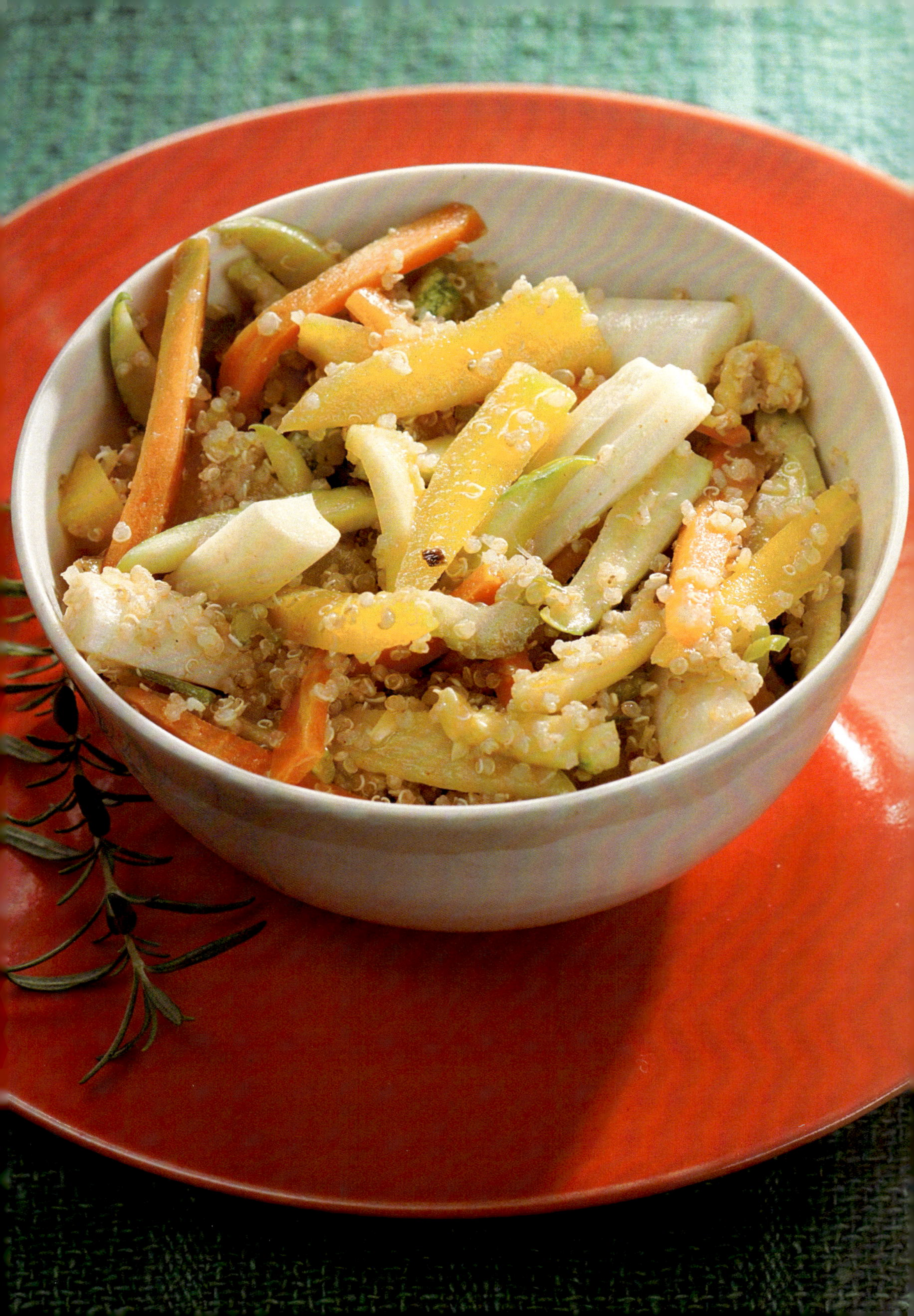

Legumes salteados com alho-poró e quinoa

Ingredientes

- 1 xícara de cenouras em palitos
- 1 xícara de abobrinhas em palitos
- 1 xícara de pupunhas frescos em palitos (opcional)
- 1 xícara de mandioquinha em palitos
- 1 xícara de alhos-porós em rodelas finas
- 1 xícara de salsão picado
- 1 xícara de quinoa
- 2 colheres (sopa) de azeite
- 1 colher (sopa) de limão
- 1 colher (chá) de páprica doce
- Sal a gosto
- Água

Modo de preparo

Leve a quinoa ao fogo com 2 xícaras de água. Quando começar a ferver, marque 15 minutos e depois desligue o fogo. Reserve. Em uma panela, cozinhe o pupunha picado com o limão. Deixe ferver por 10 minutos. Escorra e reserve.

Em outra panela, refogue o alho-poró no azeite, adicione a cenoura e deixe cozinhar por cerca de 2 minutos. Acrescente a mandioquinha e vá mexendo cuidadosamente. Depois, coloque a abobrinha e o salsão. Em seguida, acrescente a páprica, acerte o sal e, por último, adicione a quinoa cozida. Mexa cuidadosamente e, se for necessário, regue com um pouco de azeite. O ponto dos legumes deve ser *al dente*.

Rendimento: 2 porções

Nuggets de quinoa

Ingredientes
- 2 xícaras de quinoa cozida
- 1½ xícara de fubá
- 1 xícara de abobrinha ralada
- 1 xícara de cenoura ralada
- 1 xícara de mandioquinha ralada
- ½ xícara de alho-poró picado
- ½ xícara de amaranto
- 2 colheres (sopa) de azeite
- 3 colheres (sopa) de linhaça triturada
- 1 colher (sopa) de gengibre fresco ralado
- 1 colher (chá) de páprica doce
- Sal e pimenta-do-reino a gosto

Modo de preparo
Rale a abobrinha, a cenoura e a mandioquinha no ralador grosso. Refogue todos os legumes no azeite com o alho-poró, começando pela cenoura, depois a mandioquinha e, por último, a abobrinha. Em seguida, coloque a páprica, o sal, o gengibre e a pimenta. Misture bem e acrescente a quinoa, a linhaça e o amaranto. Faça os bolinhos e passe-os no fubá. Leve ao forno preaquecido por 30 minutos.

Rendimento: 15 porções

Pesto de Manjericão

Ingredientes
- 1 xícara de tofu
- 2 colheres (sopa) de manjericão
- 2 colheres (sopa) de alho-poró
- 1 colher (sopa) de azeite
- 1 colher (sopa) de limão
- 1 colher (sopa) de salsinha
- Sal a gosto

Modo de preparo
Bata tudo no liquidificador. Sirva com os *nuggets*.

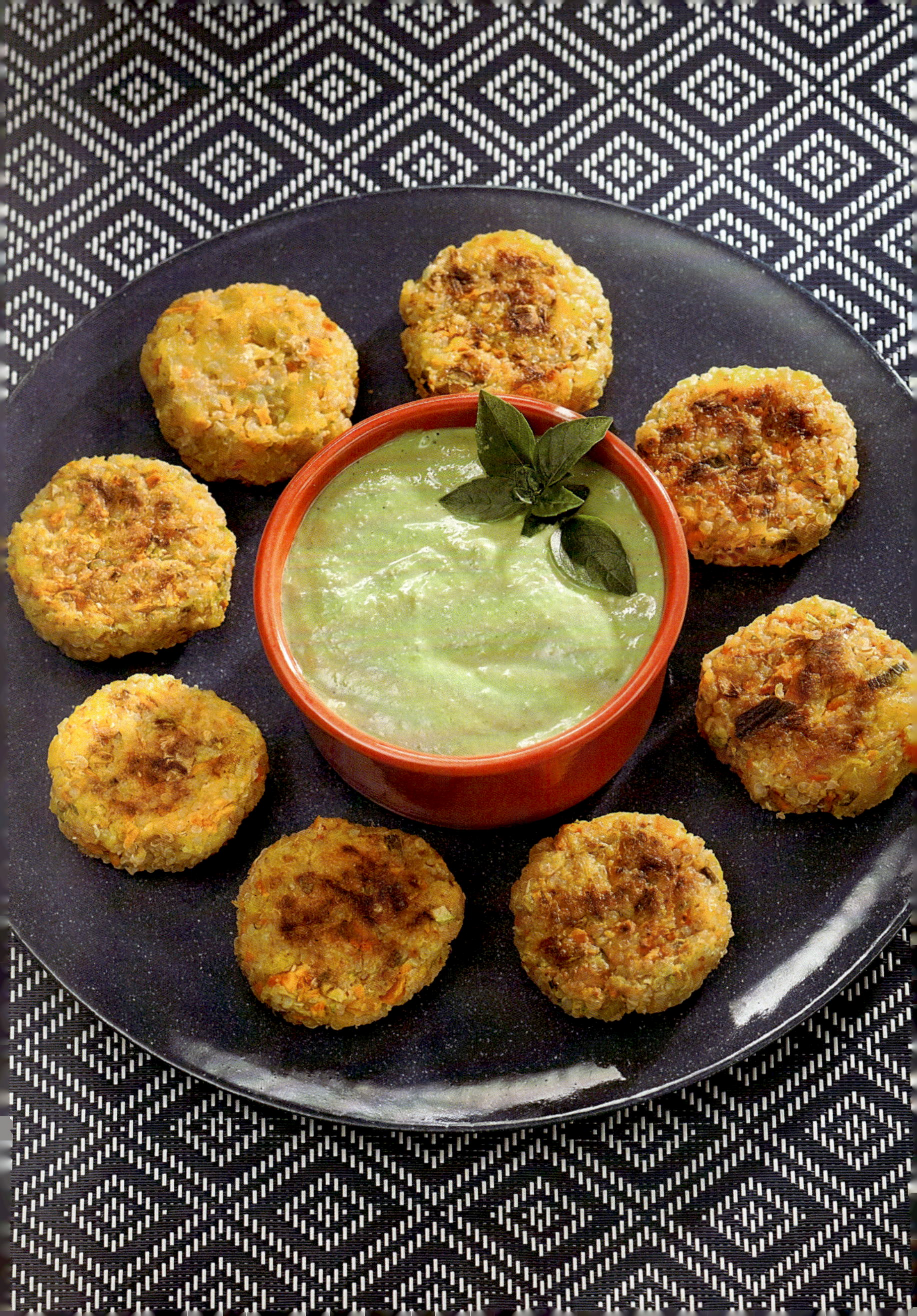

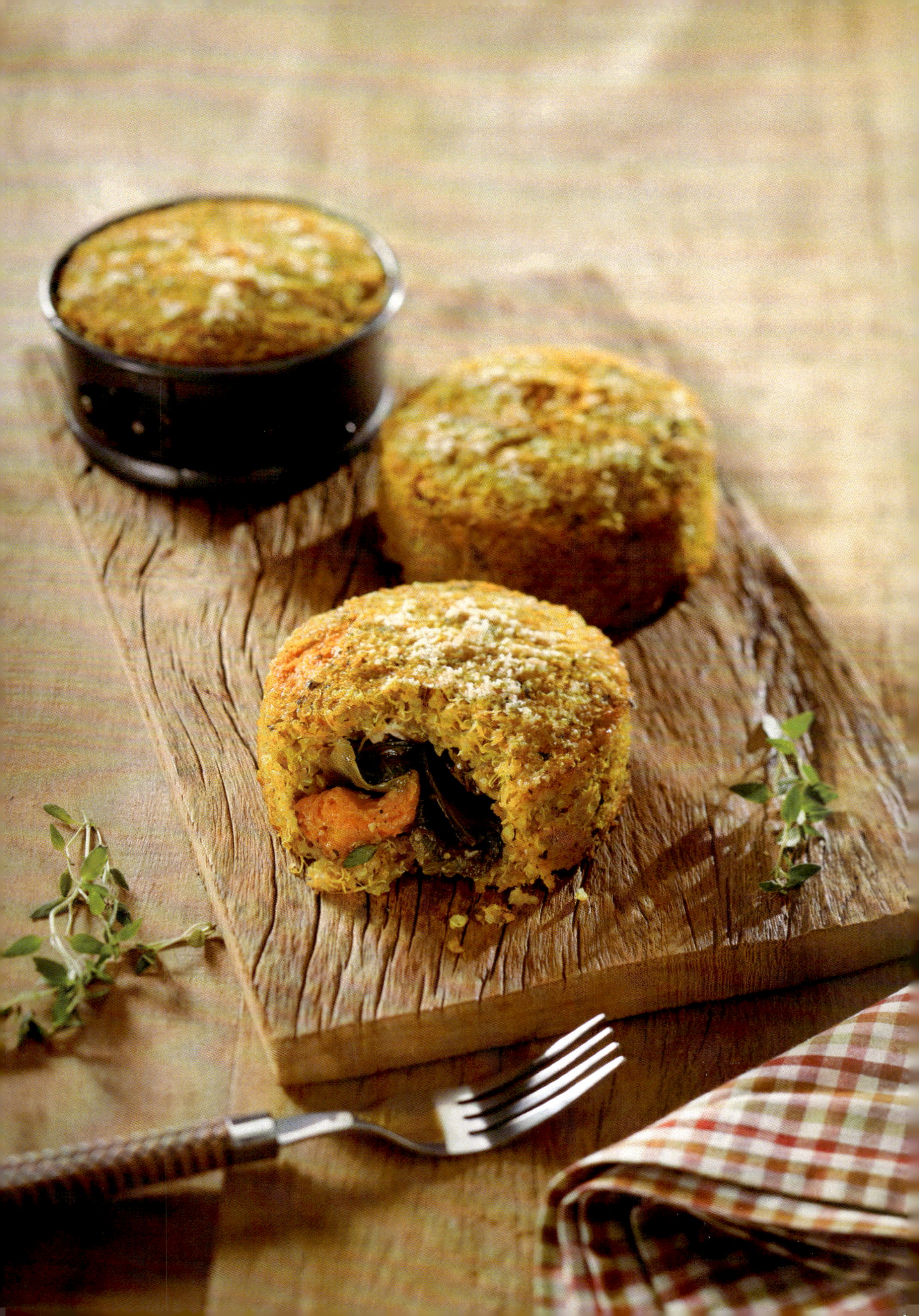

Torta de abóbora e quinoa

Ingredientes da coalhada
- 150 g de castanha-de-caju
- 1 xícara de água
- 2 colheres (sopa) de vinagre de maçã
- Suco de 1 limão
- Sal a gosto

Modo de preparo da coalhada
Aqueça a água, mergulhe as castanhas e deixe-as hidratar por pelo menos 30 minutos. Bata 1 xícara de água com as castanhas no liquidificador, acrescentando os demais ingredientes. Salgue a gosto e reserve na geladeira.

Ingredientes da torta
- 2 xícaras de quinoa
- 4 xícaras de abóbora picada
- ½ maço de hortelã picada
- ½ xícara de azeite de oliva
- 1 maço de escarola
- 3 galhos de tomilho fresco
- 3 dentes de alho
- Sal e pimenta-do-reino a gosto

Modo de preparo da torta
Asse a abóbora picada com um fio de azeite, sal, pimenta e tomilho. Quando estiver macia, amasse com um garfo até formar um purê e reserve. Cozinhe a quinoa em água, sal e folhas de louro por aproximadamente 20 minutos. Escorra completamente e deixe esfriar em uma peneira. Junte o purê de abóbora e a quinoa cozida, acrescentando hortelã picada, sal, pimenta e azeite. Amasse bem. Em uma frigideira, refogue a escarola com azeite e alho. Em uma forma, forre o fundo com metade da massa, adicione a escarola refogada e a coalhada e finalize com a outra metade. Leve ao forno a 200 °C por 20 minutos. Você pode utilizar formas menores para fazer tortinhas individuais.

Rendimento: 4 porções

Tomates recheados

Por Rita Taraborelli | @rita_taraborelli

Ingredientes
- 4 tomates orgânicos e maduros
- 100 g de quinua orgânica
- 3 raízes de cebolinha orgânica
- 1 pimenta dedo-de-moça orgânica
- ½ xícara de manjericão orgânico
- 3 colheres (sopa) de azeite de oliva extravirgem
- ½ xícara de salsinha orgânica
- 2 colheres (sopa) de farinha de mandioca
- ½ colher (chá) de sal rosa

Modo de preparo
Cozinhe a quinua em água e sal. Pique a raiz de cebolinha, a pimenta e as ervas. Aqueça bem uma frigideira, coloque o azeite e desligue o fogo. Misture os temperos envolvendo-os com o azeite. Acrescente a quinua, a farinha e acerte o sal a gosto. Corte os tomates ao meio, retire bem as sementes e faça um pequeno corte na base de forma que a metade dos tomates fique em pé. Salpique sal e besunte com azeite de oliva. Recheie com o preparo de quinua, disponha em forma untada e asse por 25 minutos a 190 °C ou até dourar.

Rendimento: 4 pessoas

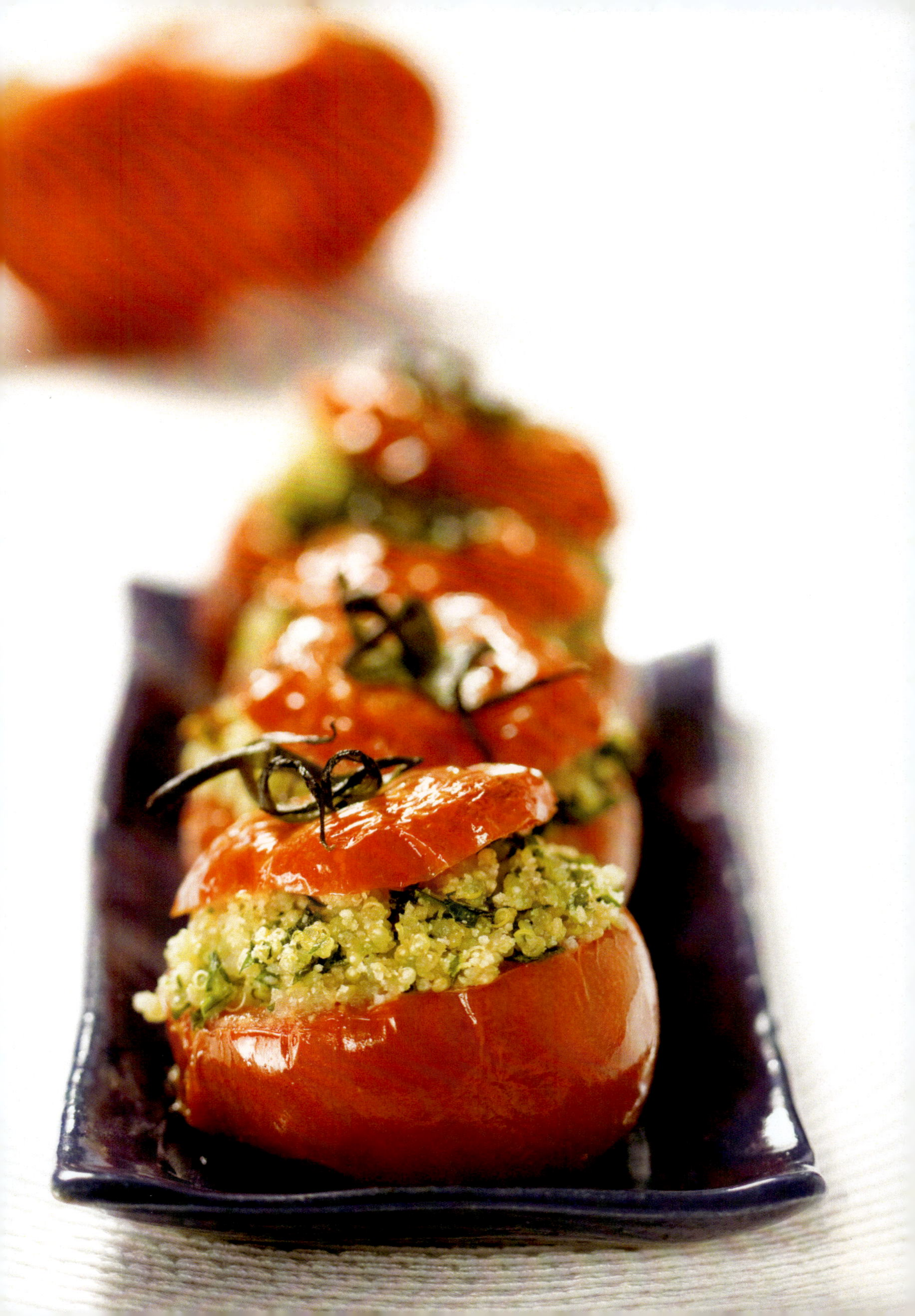

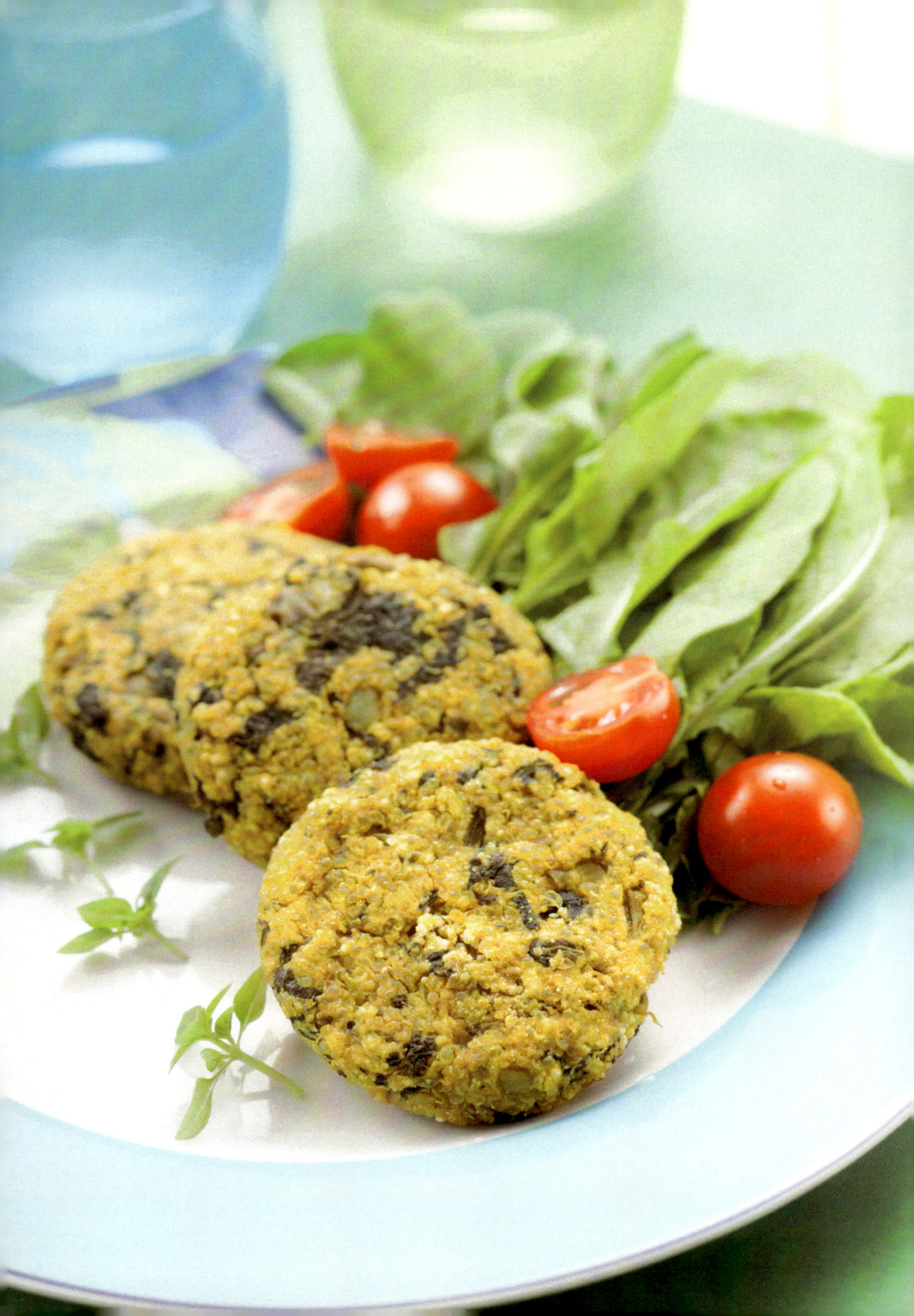

Hambúrguer de fibra

Ingredientes
- 2 xícaras de quinoa cozida
- 1 colher (chá) de açafrão em pó
- 1 colher (chá) de ervas finas
- 1 colher (chá) de cominho
- 2 colheres (chá) de sal
- 3 batatas médias (purê)
- 2 colheres (sopa) de azeitonas picadas
- 3 colheres (sopa) de espinafre cozido no vapor e picado (sem água)
- 2 colheres (sopa) de coentro picado

Modo de preparo
Misture todos ingredientes e forme hambúrgueres em forma de discos. Use algum utensílio redondo para formar discos de pelo menos 3 cm de largura. Coloque numa forma untada com óleo e asse por uns 20 minutos, ou leve a frigideira e frite com 1 colher de sopa de óleo dos dois lados por alguns minutos (fica mais saboroso e é mais rápido). Decore o prato com folhas de rúcula e tomates cereja para que fique mais atrativo.

Rendimento: 4 porções

Por *Chef Priscilla Herrera* | @priherrerachef

● simples ○ média ○ complexa

culinária quinoa

Ratatouille

Ingredientes para o ratatouille
- 1 berinjela média picada em cubos médios
- 6 colheres (sopa) azeite de oliva
- 6 tomates médios
- 1 pimentão amarelo
- 1½ colher (chá) de sal
- 2 cebolas grandes picadas em cubos médios
- 5 dentes de alho amassados
- 1 folha de louro
- 1 colher (chá) de tomilho seco
- 1 colher (chá) de orégano seco
- ½ colher (chá) de pimenta-do-reino
- 1 abobrinha italiana média picada em cubos médios
- ¼ de xícara de vinho branco seco
- ½ xícara de água
- ¼ de xícara de manjericão fresco picado

Ingredientes para a quinoa
- 2 xícaras de quinoa
- 3½ xícaras de água
- 1 colher (chá) de sal marinho
- 2 colheres (sopa) de azeite de oliva
- 2 colheres (sopa) de ervas frescas picadas

Modo de preparo
Misture a berinjela com ½ colher de sal. Deixe descansar por 20 minutos e seque com papel-toalha. Misture com uma colher de sopa de azeite e asse por 20 minutos. Misture os tomates e o pimentão com 2 colheres de azeite, cubra com papel-alumínio e asse por 30 minutos, virando a cada 10. Remova a pele e pique. Refogue a cebola e o alho no restante do azeite, adicione os temperos secos e os vegetais assados. Coloque o vinho branco, deixe apurar e cubra com água. Cozinhe até a abobrinha amolecer. Ajuste o sal, remova o louro e adicione o manjericão. Cozinhe a quinua com sal por 15 minutos. Adicione o azeite e as ervas. Misture e deixe coberto por 10 minutos.

Rendimento: 4 a 6 porções

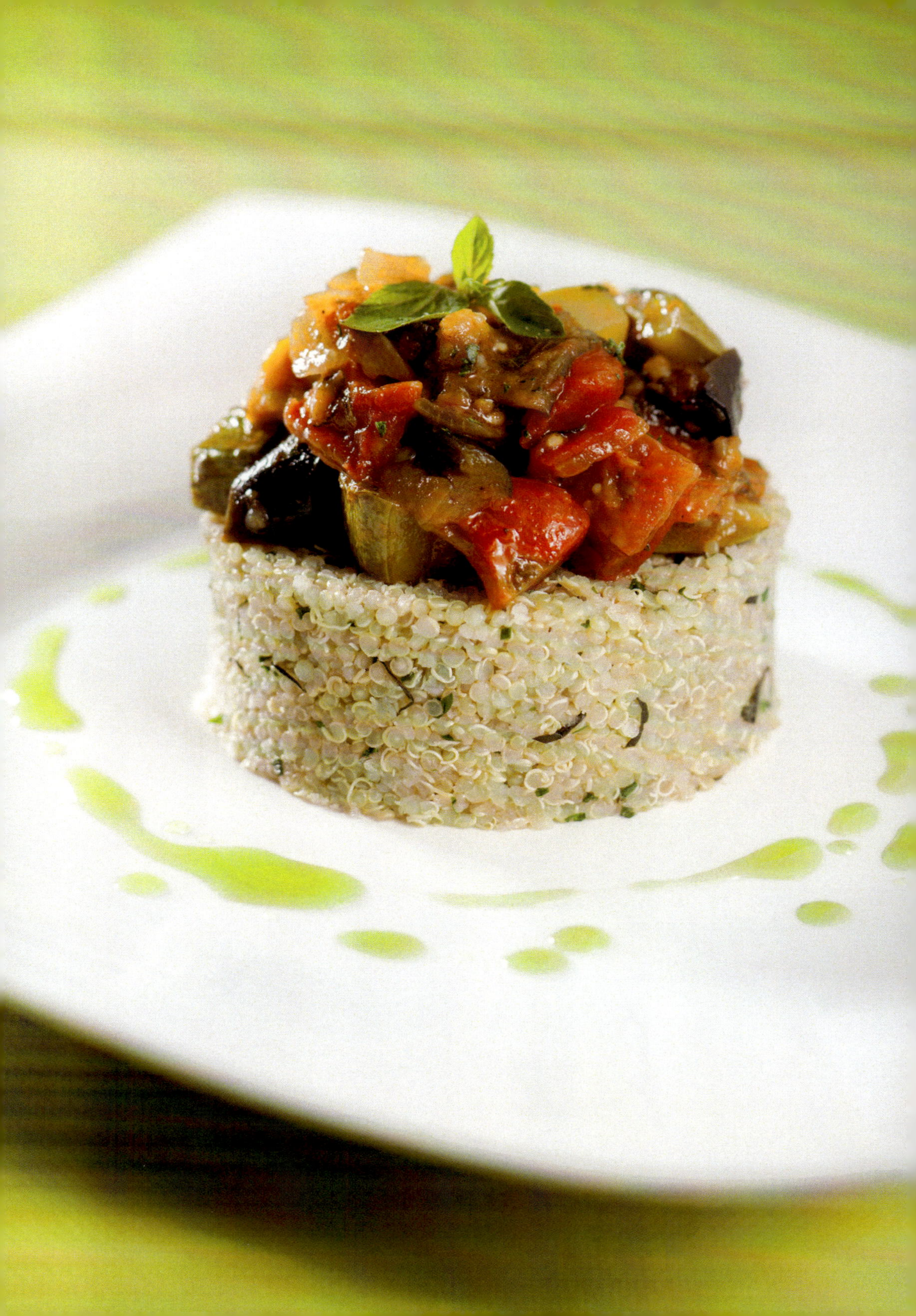

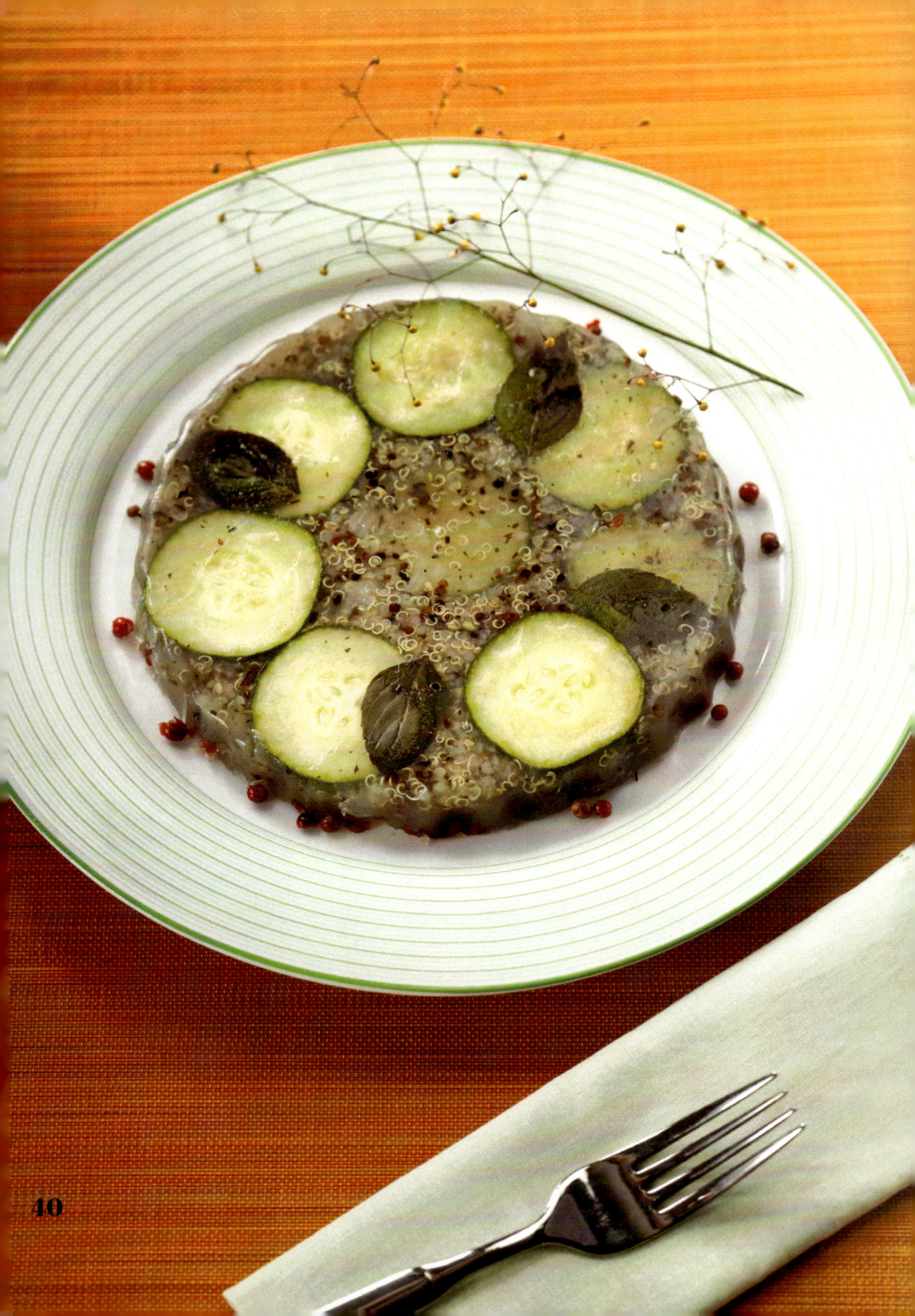

Mousse de quinua e pepino

Ingredientes
- 1 xícara de quinua vermelha, branca e preta
- 2 colheres de ágar-ágar (gelatina vegetal)
- ½ pepino cortado em rodelas
- ½ alho-poró fatiado fino
- 1 dente de alho fatiado fino
- 1 colher (sopa) de azeite extravirgem
- Sal e *zattar* a gosto

Modo de preparo
Refogue no azeite o alho-poró e o alho com a quinua. Acrescente água até cobrir a quinua e deixe cozinhar até que a quinua fique macia (aproximadamente 15 minutos). Em seguida, acrescente o ágar-ágar e mexa sem parar por cinco minutos. Em um refratário com fundo removível, disponha os pepinos em rodelas e coloque a quinua por cima. Leve à geladeira por duas horas ou até ficar duro. Desenforme antes de servir.

Rendimento: 2 porções

Mix de arroz e quinoa

Ingredientes
- ½ xícara de arroz preto cozido
- ½ xícara de arroz integral vermelho cozido
- ½ xícara de arroz integral cateto cozido
- ½ xícara de quinoa em grãos cozida
- ½ xícara de lentilha cozida *al dente*
- Salsa picada a gosto
- 4 colheres (sopa) de cebola média picada

Modo de preparo
Refogue a cebola em azeite até dourar. Acrescente o arroz cateto, a quinoa, a lentilha, o arroz preto, o arroz vermelho e a salsa e mexa bem até incorporar todos os ingredientes. Sirva em seguida.

Rendimento: 4 porções

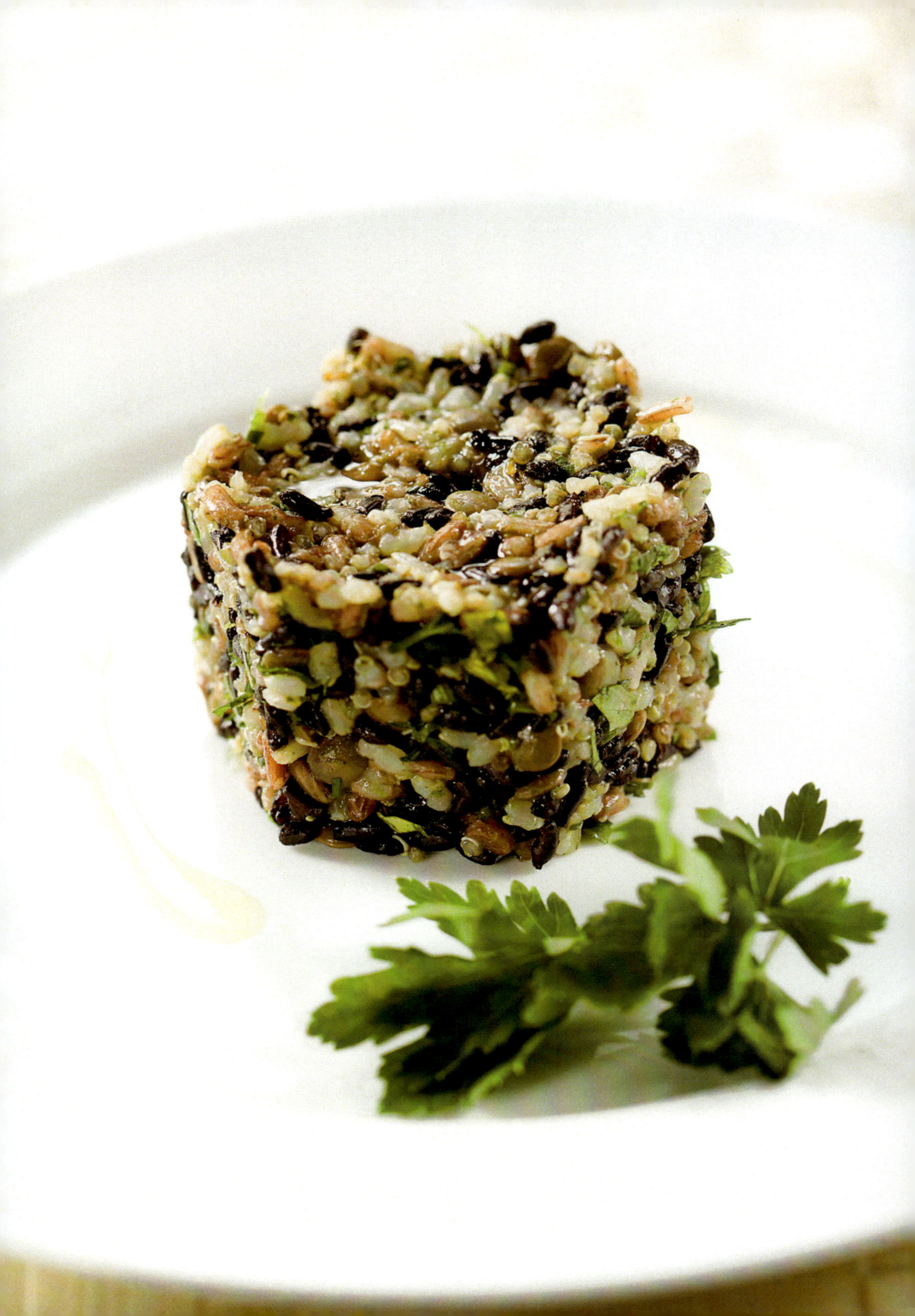

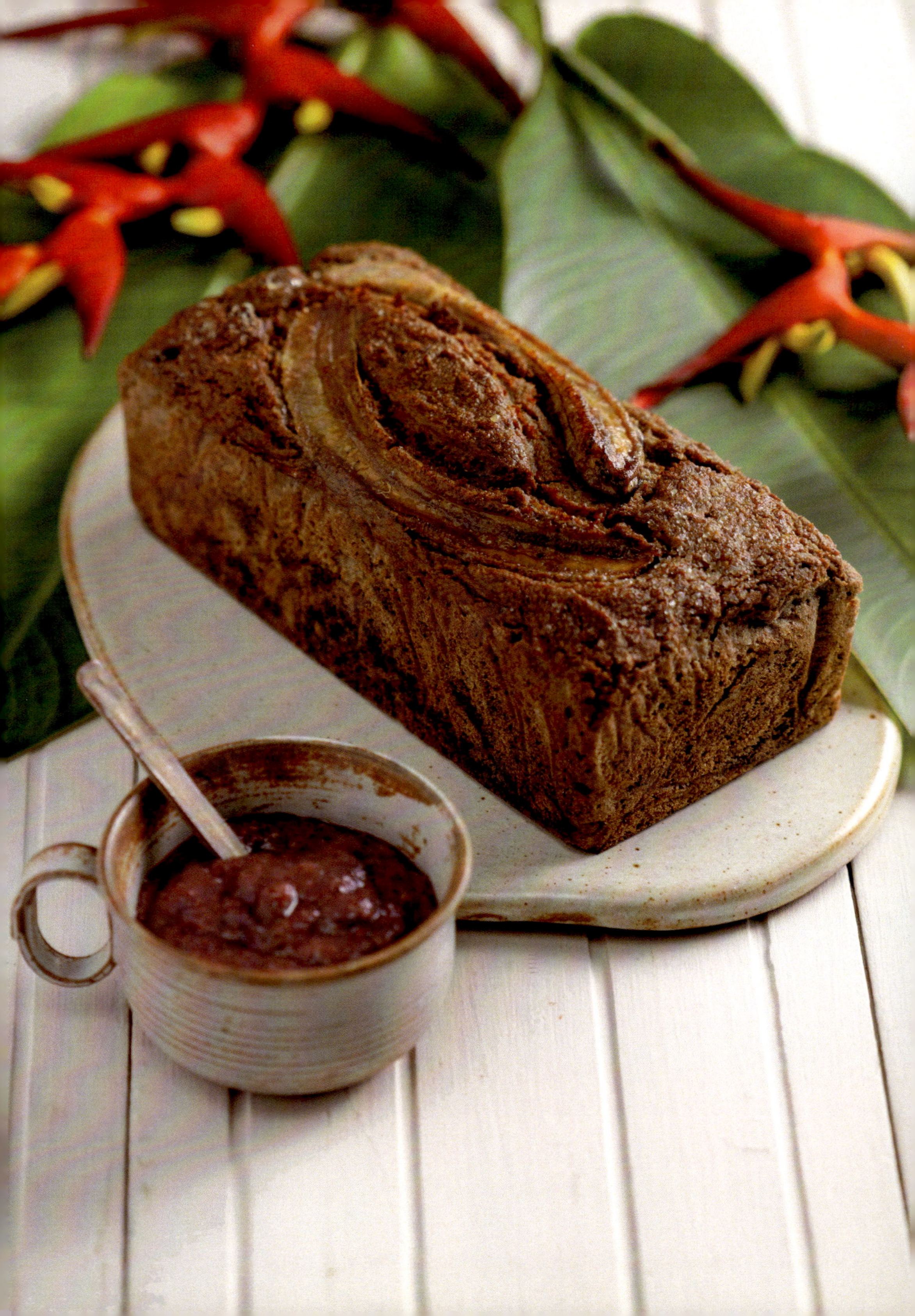

Banana *bread*

Ingredientes

- 1½ xícara de farinha de aveia
- 1 colher (sopa) de fermento caseiro
- 2 colheres (chá) de canela em pó
- Pitada de noz-moscada em pó
- Pitada de sal marinho
- 2 colheres (sopa) de semente de girassol tostada
- ¼ de xícara de uvas-passas escuras
- 1½ xícara de bananas-nanicas amassadas + 1 banana inteira para decorar
- ¾ de xícara de quinoa
- 1 colher (sopa) de vinagre de maçã
- ¾ de xícara de pasta de tâmaras
- 3 colheres (sopa) de óleo de coco

Modo de preparo

Lave a quinoa e deixe de molho por cerca de 12 horas na geladeira. Descarte a água com o auxílio de uma peneira fina e enxague os grãos. Reserve. Forre uma forma para pão ou bolo inglês com papel-manteiga. Preaqueça o forno a 200 °C. Misture bem os sete primeiros ingredientes. Reserve. Amasse a banana e então meça duas xícaras. Coloque a banana amassada no processador (ou *mixer*) juntamente com a quinoa demolhada, o vinagre, a pasta de tâmaras e o óleo de coco, batendo até obter uma massa homogênea. Derrame a mistura úmida sobre os secos reservados. Misture com delicadeza. Despeje a massa na forma preparada. Corte a banana inteira no sentido longitudinal e coloque sobre a massa. Se quiser, você pode polvilhar uma colher (sopa rasa) de açúcar demerara bruto sobre a massa para decorar. Leve ao forno preaquecido por cerca de 45 minutos (faça o teste do palito).

Rendimento: 10 fatias médias

Cookies de quinoa com chocolate

Por Chef Luisa Leite | @alimentosdavila

○ simples ● média ○ complexa

Ingredientes
- 1 xícara de açúcar de coco ou mascavo
- ¼ de xícara de pasta de amendoim
- 1 xícara de farinha de aveia
- 1½ xícara de quinoa cozida
- ½ colher (chá) de sal rosa
- 1 colher (chá) de fermento químico em pó
- ½ xícara de chocolate picado ou granulado

Modo de preparo
Preaqueça o forno a 180 °C. Se não tiver farinha de aveia, bata no liquidificador aveia em flocos até virar uma farinha. Adicione todos os ingredientes em um *bowl* e misture bem até obter uma massa homogênea. Molde a massa em pequenas bolinhas de *cookies* e use uma assadeira com tapete de silicone ou papel-manteiga. Leve ao forno por 20 a 25 minutos. Note que os *cookies* sairão ainda moles do forno, porque eles terminam de assar em temperatura ambiente. Deixe descansar por, no mínimo, 30 minutos antes de consumir e armazenar.

Rendimento: 18 unidades

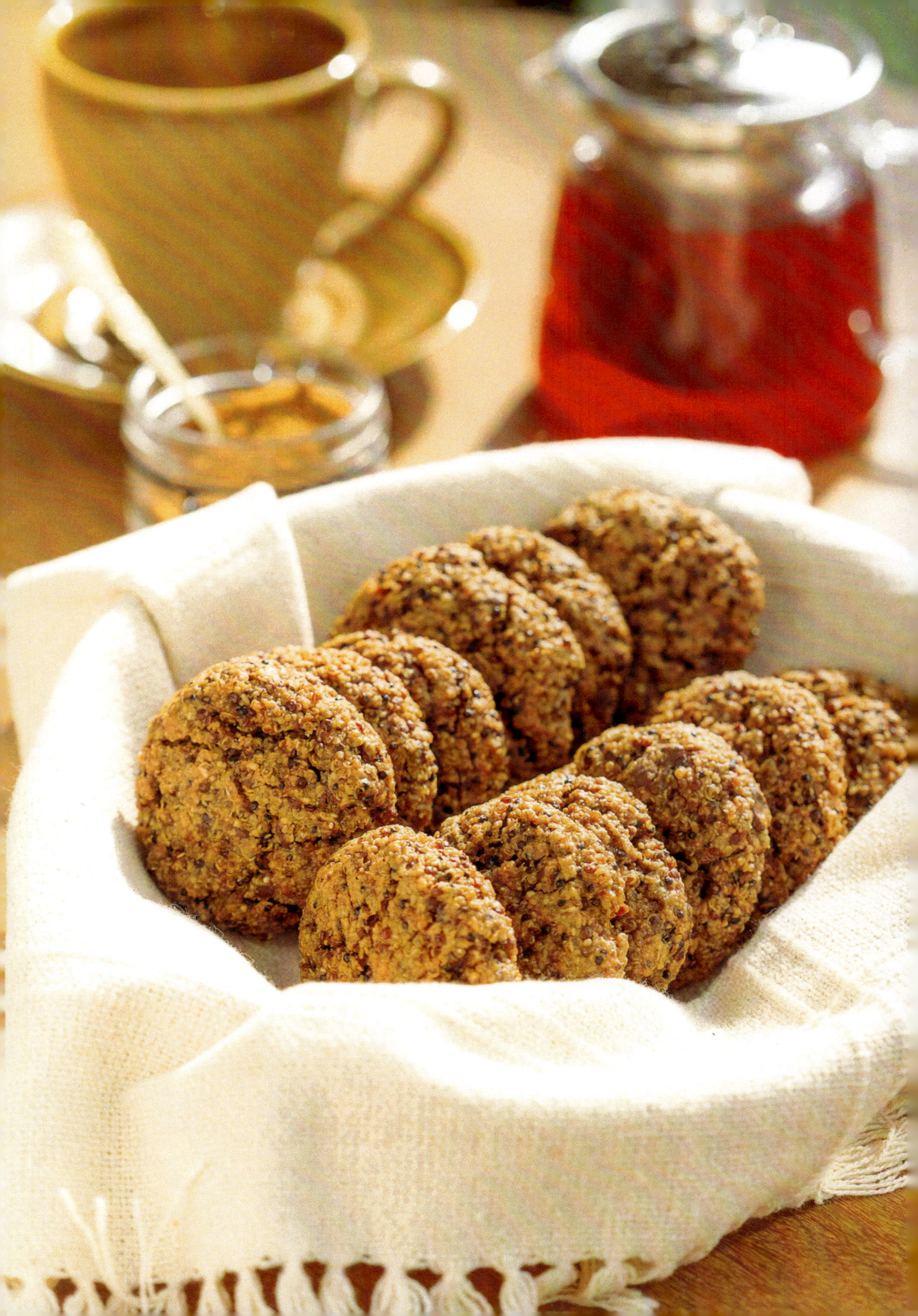

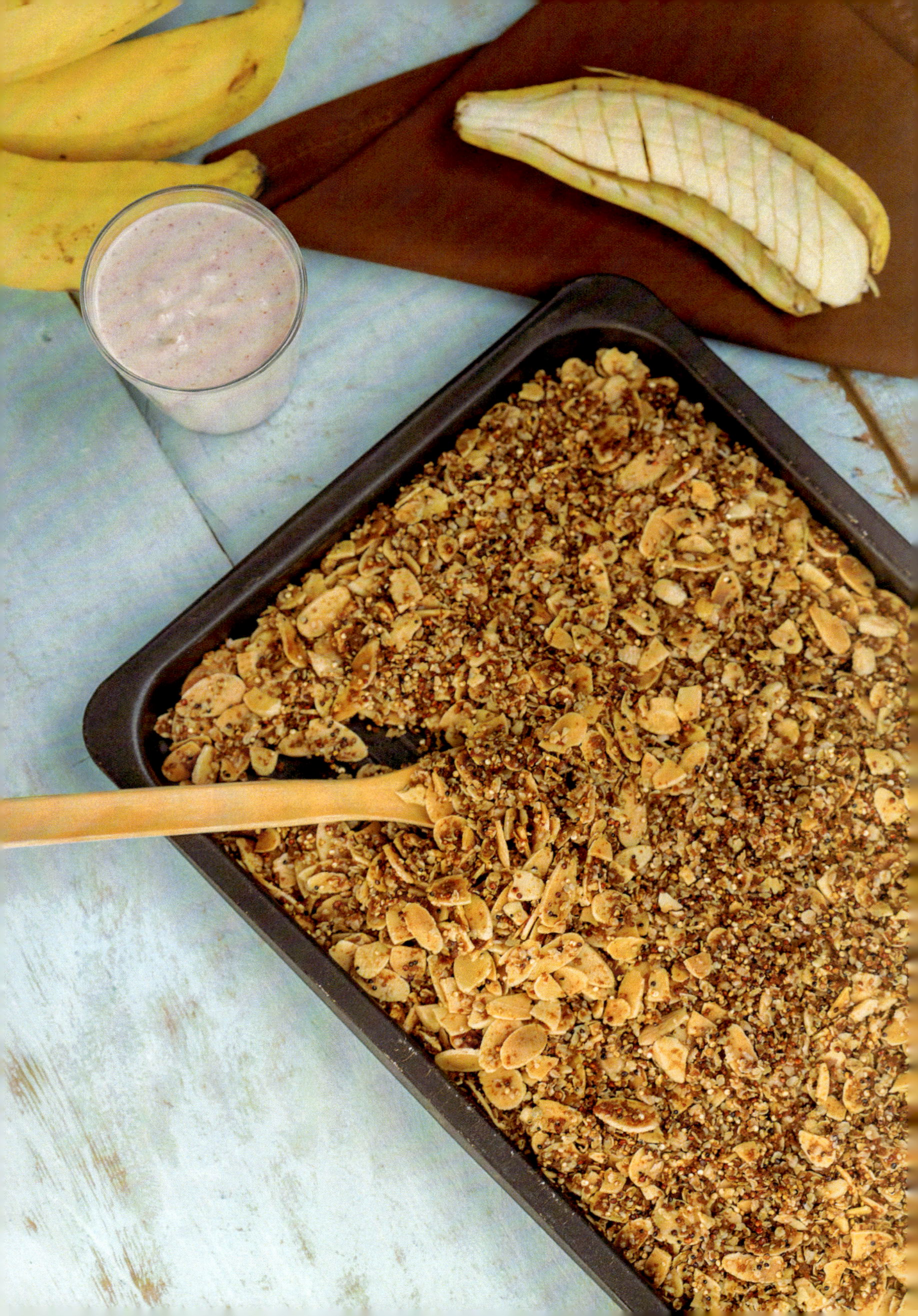

Granola

Ingredientes
- 1 xícara de aveia em flocos grossos
- ½ xícara de quinoa crua
- 2 xícaras de amêndoas cortadas grosseiramente ou lascas de amêndoas
- ¼ de xícara de açúcar de coco ou melaço de cana
- 1 colher (chá) de sal rosa
- ½ xícara de óleo de coco sem sabor

Modo de preparo
Preaqueça o forno a 180 °C. Em um *bowl*, misture bem o óleo de coco com o açúcar e reserve. Adicione todos os outros ingredientes em uma assadeira e misture bem com as mãos. Adicione a mistura de açúcar com óleo e mexa bem até todas as castanhas estarem bem molhadinhas. Asse por 20 minutos, retire do forno e mexa bem. Coloque novamente no forno por mais 5 a 10 minutos. Deixe esfriar completamente antes de armazenar.

Rendimento: 800 g

Por *Chef* Luísa Leite | @alimentosdavila

● simples ○ média ○ complexa

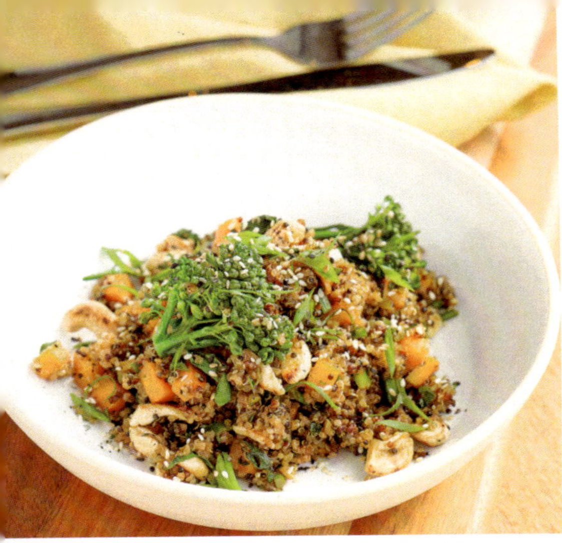
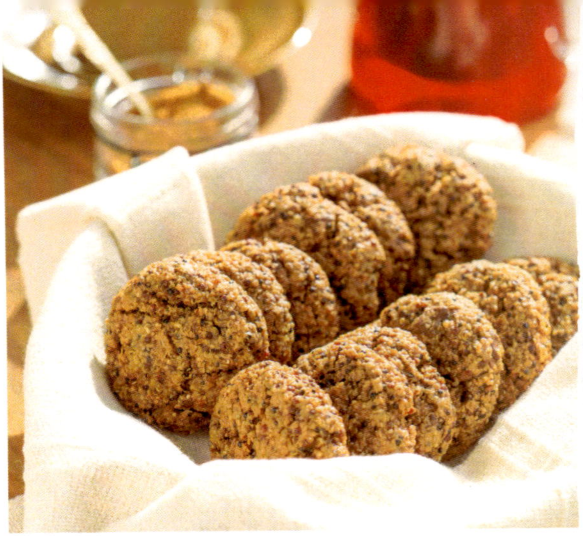
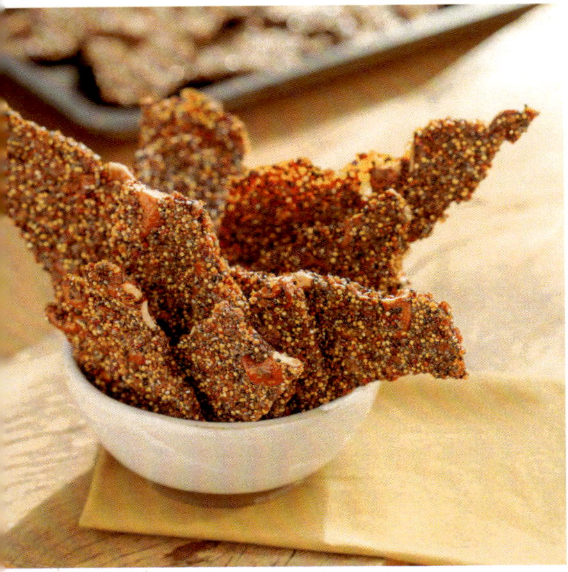
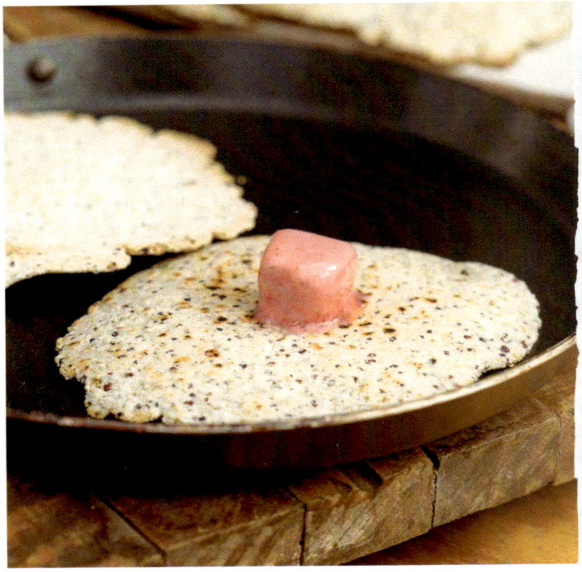
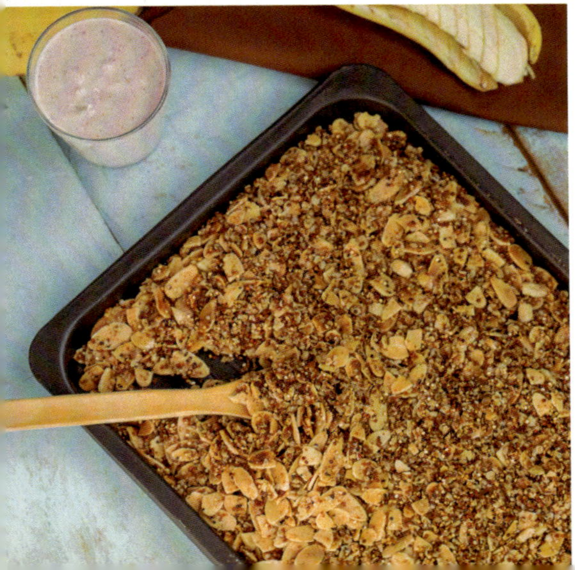
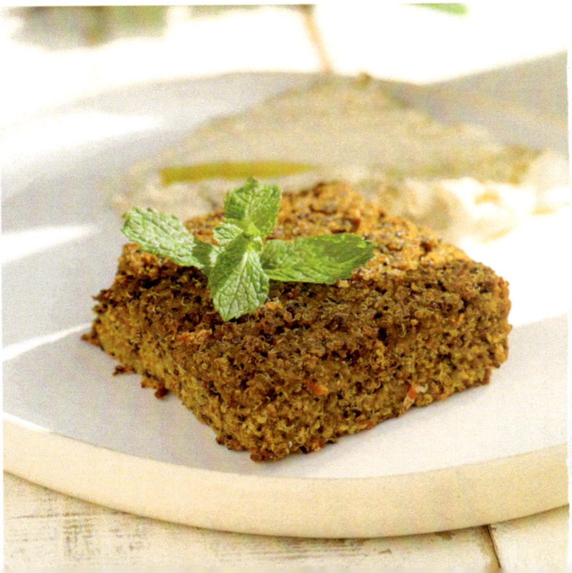

Todos os direitos reservados
para Editora Europa
Rua Alvarenga, 1416 – CEP
05509-003 – São Paulo, SP
Telefone 0800-8888-508 / São
Paulo (11) 3038-5050
sac@europanet.com.br
www.europanet.com.br

Diretor executivo Luiz Siqueira
Diretor editorial Roberto Araújo

Edição Marco Clivati
Edição de arte Alexandre Nani
Texto Samira Menezes
Fotos receitas Tomaz Vello, Paulo Lima e Shutterstock
Produção Beth Macedo

Quinoa: 17 receitas veganas
(Biblioteca Vegetarianos)

São Paulo: Editora Europa, 2021

ISBN: 978-65-5884-146-3

Atendimento ao leitor
Fabiana Lopes - fabiana@europanet.com.br

Circulação
Paula Tauil (paula@europanet.com.br)

Promoção
Aida Lima - aida@europanet.com.br

BIBLIOTECA Vegetarianos

Quinoa

Prática e versátil na culinária vegana, a quinoa é aposta certa para quem quer enriquecer qualquer receita. Neste livro *Quinoa* você vai aprender a preparar 17 receitas com esse poderoso grão, que tem mais proteína do que carnes, leite e ovos, e ainda é uma excelente fonte de cálcio, ferro, magnésio, potássio, vitaminas do complexo B e fibras.

Coleção Turma dos Vegetais

Cada livro traz 18 receitas saborosas e nutritivas. E você fica sabendo dos benefícios, propriedades nutricionais e curiosidades de cada um dos vegetais.

Coleção Vegana Receitas de Família

Dividida em três volumes, esta coleção é inspirada na cozinha afetiva. Ao todo são 60 receitas com o carinho e o gostinho de comida de mãe.

Editora Europa

Para mais detalhes destas e de outras coleções da Editora Europa, ligue 0800 8888 508 ou (11) 3038-5050 (SP) ou acesse www.europanet.com.br

9 786558 841463

GLUTEN free

TOFU
28 receitas sem glúten